新しいコスモポリタニズムとは何か

共生をめぐる探究とその理論

WHAT IS "NEW COSMOPOLITANISM"?

THEORETICAL PERSPECTIVES FOR LIVING TOGETHER BETTER

鈴木 弥香子 ——— 著

晃洋書房

目　　次

序　章　なぜ今，コスモポリタニズムなのか？

は じ め に

　本書では，1990年代以降のグローバル化の進展に対応した，現代的な文脈に照らしあわせながら再考されたコスモポリタニズムを「新しいコスモポリタニズム」と呼ぶ．そしてそれを，グローバル化の中で，他者を思いやりながらよりよい共存を実現するための思想と定義する．「新しいコスモポリタニズム」は，古典的なコスモポリタニズムの単なる焼き直しではなく，現代的な文脈に照らしあわせながら，批判的／反省的に再構成された思想である．グローバル化の急速な進展のなかで新たに出現する連帯やコミュニティ，関係性に希望を見出しながらも，同時に普遍や「正しさ」を論じることにおける暴力性に批判的な目を向け，コスモポリタニズムを慎重に修正し，批判的に再構成してきたのである．

　本書では，この「新しいコスモポリタニズム」がどのような理論的射程と限界を持つかについて明らかにする中で，グローバル社会におけるよりよい共生の実現のための方途を探る．グローバル化によって国境を越えた相互依存が深化することで，遠くの他者や文化的他者といかに地球社会において共生するのかという問題への関心が高まってきた．グローバル化が進展し，国境を越えた関係性が複雑に絡みあいながら拡大する中，様々な社会的変容や国境を越えた問題が生み出されてきた．そうしたものへどう対処するのか，どうやって「他者」と共によりよく生きるかという課題が立ち上がってきたのだ．本書では，共生を「実現されるべき目的」とは考えない．なぜならば，相互依存が高度に深化した世界の中で，我々はすでに「他者」と共に生きてきたためである．我々の存在や生を「他者」抜きに語ること，成り立たせることは不可能である．不

正義や差別に抗しながら，いかにこの共生をよりよいものとすることができるのかについて考えていきたい．

　この問題はどこか遠くで起きていることではなく，身近な問題である．日本社会においても，外国人人口の増加が注目されており，少子高齢化を背景として今後一層日本社会は多文化社会化していくと考えられる．しかし，社会が文化的に多様になっていくことは，そのまま自動的に他者への開かれた態度の醸成や相互理解の促進に直結するとは考えにくい．むしろ，外国人嫌悪の強化や社会的分断の深化に繋がる可能性があることは，世界的に拡大する排外主義を見れば明らかである．排外主義や文化的他者への偏見や差別に抗しながら，どうよりよい共生を実現するのか．それを考える上で手掛かりにしたいのが，現代において再考されたコスモポリタニズム，「新しいコスモポリタニズム」である．

　コスモポリタニズムは歴史のある思想だが，現代では冷戦終結，ベルリンの壁崩壊を契機として1990年代以降，グローバル化が高度に進展し，相互依存が深化した世界をよりよく理解するための理論として関心を集めてきた．こうしたグローバル化を背景に再考されたコスモポリタニズムは，古典的なコスモポリタニズムとは区別され，しばしば「新しいコスモポリタニズム」と呼ばれる (Fine 2007)．「新しいコスモポリタニズム」は社会学のみならず，多くの領域——人類学，哲学，文化理論，政治学，地理学，歴史学など——で議論され，個々の領野に留まることのない，相互参照しあう領域横断的な動きの中で発展してきた (Appiah 2006 ; Beck 2006 ; Cheah and Robbins eds. 1998 ; Delanty 2009 ; Held 2010 ; Nussbaum 1996)．こうした「新しいコスモポリタニズム」とはどのような思想的潮流であり，どのような理論的潜勢力を持っているのかについて検討する．

　「新しいコスモポリタニズム」の背景にあるのは，グローバル化の進展であり，グローバル化時代の新たな問題に取り組んできた．グローバリゼーションは，経済，文化，政治，技術といった様々な領域における世界的な相互依存の深化を意味し，いつをその始まりとするかは論者によって異なる．ただ，経済のグローバルな統合や情報化が進展した1970年代以降の急速な変化は，それ以前のものとは一線を画するものと考えられることが多い．

デイビッド・ハーヴェイが「時間と空間の圧縮」として論じたように,交通・通信に関わる技術革新が,国境を越えた移動やコミュニケーションを安価かつ容易にしたことで,世界の時空的距離は縮まり,空間的な障壁は大幅に減少し,国境を越えた資本の移動がかつてない速度で拡大するようになった(Harvey 1989 = 1999).そして,そうした技術革新は,グローバルな経済活動を拡大させただけでなく,国境を越えたコミュニケーション,コミュニティ,繋がりを,これまでにないスピードとスケールで生み出してきた.そして,国境を横断した関係性やコミュニティが複雑かつ多層的に広がることで,ローカルな場所の出来事が,遠く離れた場所で起きた出来事によって形成され,そしてローカルな場所の出来事が遠く離れた場所に影響を及ぼすようになったのである(Giddens 1990 = 1993).

グローバリゼーションによって経済,文化,政治,社会といった様々なものが変容を余儀なくされ,かつてと同じようにナショナルな枠組みでは捉えられなくなった中,そうした変化をどう受け止め,どう対処するのかという問題が立ち上がっている.グローバルな相互依存が深化した現代社会において,構造的に生み出され,増幅,悪化する一途にある世界的な諸問題に対して,国民国家を超えた協働や想像力が必要となっていると言えるのである.

ジェラード・デランティが指摘するように,昨今のコスモポリタニズム議論の盛り上がりの背景にあるのは,グローバリゼーションの影響に対する不安の広がり,グローバルに繋がった世界の中で他者の立場を考慮しながら,グローバルな問題に対する解決策を探ろうという意識である(Delanty ed. 2012).「新しいコスモポリタニズム」をめぐる議論は,このグローバル社会における様々な問題を考える上で多くの手掛かりを与えるものであり,理論的示唆に富んだものである.国民国家を超えた政治,社会,公共性,共同性,連帯などを考える上で,「新しいコスモポリタニズム」に非常に豊かな議論の蓄積がある.例えば,クレイグ・カルホーンはコスモポリタニズムを支持・提唱しているとは言えないが,コスモポリタニズムをめぐる批判的検討を通して,国家を超えた想像力や連帯について検討を行っている.つまり,コスモポリタニズムそれ自体を支持するか,支持しないかということにかかわらず,コスモポリタニズムに関する議論から学ぶことはグローバル社会におけるよりよい共生を考える上

で重要な営為なのである．さらに，こうした議論を日本に紹介することは，「新しいコスモポリタニズム」そのものへの理解を深めるだけでなく，より幅広い議論，共生社会への構想の発展に貢献することも期待される．

1．2020年代にコスモポリタニズムを考えるということ

前述したように，「新しいコスモポリタニズム」の背景にあるのはグローバル化の進展である．グローバル化によって国境を越えた問題——気候変動，難民問題，グローバルな貧困，租税回避，パンデミックなど——に対処する必要性が生まれただけでなく，新たに形成されつつある国境を越えた連帯やコミュニティへの希望が共有されるようになったのであり，そうした希望がコスモポリタニズムへの関心の高まりを後押ししてきたと言える．しかし，コスモポリタニズム・リバイバルがあった1990年代から2000年代と，2023年現在では政治的な状況は大きく変化しており，同じような希望を持つことは難しくなっている．

また，ここ10年あまりで人々のグローバル化観は変化してきたと言える．1990年代や2000年代において，グローバリゼーションはしばしば「望ましいもの」と言われ，グローバリゼーションは世界をより「フラット」に，「ボーダーレス」に変える希望であると理解されることも少なくなかった．フランシス・フクヤマは，冷戦終結によって，リベラリズムと社会主義の間の争いは終焉し，我々は「歴史の終わり」に到達したと論じた (Fukuyama 1992)．イデオロギー間の闘争が終わり，経済的リベラリズムが世界的に支配的な思想になるにつれ，グローバリゼーションは「フラット」かつ「ボーダーレス」な世界を構築すると考えられるようになった．例えばトーマス・フリードマンは，『フラット化する世界 (*The World is Flat*)』で，世界はますますフラットになっており，完全に消滅することはないとしても，国境を越えた競争を行う上での障壁はなくなりつつあると論じた (Friedman 2005)．

しかし，2020年代に突入した2023年現在，「我々はボーダーレスな世界に住んでいる」と考えるのは難しい．境界が瓦解，消滅していくというよりも，今や新たな境界がつくられ，世界はますます分断されていっているように思われ

る．アメリカ前大統領，ドナルド・トランプはアメリカ，メキシコ間での壁の建設を試み，さらにイギリスはEU離脱を決め，EUという地域統合にNOを突きつけた．現在，先進国を生きる多くの人にとって，グローバリゼーションとはかつてフリードマンや大前が想像したような「都合のよいもの」ではない．いわゆる「グローバリゼーション疲れ（globalization fatigue）」を感じる人も少なくない．例えば，2016年のエコノミストによる調査によると，「グローバル化は世界にとって善なる力かそれとも悪か」という問いに対して，新興国では80％以上の回答者が――インド（83.0％），ベトナム（91.4％），フィリピン（85.1％）――善だと答えたのに対して，アメリカやフランスで善だと答えたのは40％以下であった．[1]アメリカやフランスといった先進国における多くの人々が，グローバリゼーションの波の中で取り残されたように感じており，そうした感情は狭隘なナショナリズムや，排外主義的傾向に力を与え，リベラルなデモクラシーを蝕んできたと考えられる．

　さらに，2022年2月24日，ロシアがウクライナ侵攻に踏み切ったことで，冷戦後の国際秩序は大きな転換点を迎えることとなった．普遍的な価値を獲得したと思われた自由民主主義はその力を失いつつあり，世界では中国やロシアといった権威主義的国家がその影響力を拡大させている．歴史は「終わる」ことなく，権威主義国家と民主主義国の間では大きな分断が存在している．そうした分断は国家間だけでなく，民主主義国家内でも，排外主義，自民族中心主義，レイシズムが拡大しており，国家社会内における分断も大きな問題となっている．

　コスモポリタニズム・リバイバルの当初，冷戦終結後は，歴史は「終わり」を迎え，自由民主主義が普遍的な価値を獲得したという認識が広まり，国境を越えた連帯や協調，政治の希望が広がっており，そうした希望がコスモポリタニズムへの関心の高まりを後押ししてきた．しかし，2023年現在，世界は再び大きく分断されている．我々は依然としてグローバルに相互依存した社会に生き，気候変動や不平等など地球規模の課題はますます深刻化しているにもかかわらず，その対処にあたる強調や連帯のための基盤は蝕まれていると言えるのだ．

　さらに，今危機に陥っているのは国境を越えた連帯の基盤だけではない．現

代社会においては，新たな政治的構想やオルタナティブについて考えることは非常に難しくなっているという現状がある．なぜならば，ネオリベラルな圧力の中で，新たな社会構想，オルタナティブなビジョンへのラディカルな想像力が失われつつあるためである．ガッサン・ハージが指摘するように，現代社会では 'what can be' というリスクと不確実性の領域に関する思索が困難となり，「非現実的」であると切り捨てられる傾向にあり，「現実世界」，'what is' と 'what has been' の分析領域への保守的な撤退が生じている (Hage 2015 : 32). 日本でも，ネオリベラリズム (新自由主義) の「他の道はない ('there is no alternative')」という題目が力を持つ中で，社会に内在する根本的な問題に取り組み，新たな社会構想を描くことは「非現実的」であると考えられがちである．安倍晋三前総理大臣はかつて，「他の道はない」という言辞を度々好んで使っていた．例えば，2013年にロンドンで行った講演では，今の日本にとって彼の主張する成長戦略こそが唯一の活路であり，「いまはなきマーガレット・サッチャーさんにならうなら「TINA」だということ，「There is no alternative」」であると主張していた (首相官邸 2013).

　こうした「現実」主義の氾濫をどう考えればよいのだろうか．丸山眞男はかつて，講和論や再軍備論における平和問題談話会の立場は「現実的ではない」という批判を受けることが多かったことを背景に，そうした「現実」主義には３つの特徴が存在すると論じている (丸山 2017 [1964]: 172). 第一には，現実の所与性ばかりが強調され，可塑性は無視されるということである．現実とは与えられたものであると同時に，日々造られていくものであるが，そうした可塑性は無視され，所与の現実，既成事実を追従，追認するしかないと考えられることが多い．

> いいかえれば現実とはこの国では端的に既成事実と等置されます．現実的たれということは，既成事実に屈服せよということにほかなりません．現実が所与性と過去性においてだけ捉えられるとき，それは容易に諦観に転化します．「現実だから仕方ない」というふうに，現実はいつも，「仕方のない」過去なのです．(丸山 2017 [1964]: 172)

　第二の特徴は，一次元的な現実が強調され，複雑な現実の構成は無視される

ということである．「現実を直視せよ」という言辞における現実は，ある一つ
の側面だけが強調されたものであり，そこではその他の側面は捨象されている．
ある面を望ましいと考え，他の面を望ましくないと考える価値判断にたって，
現実の一面を選択しているにもかかわらず，その選択は存在しないものかのよ
うに論じられるのである（丸山 2017［1964］: 173-175）．第三の特徴は，その時の
支配的な権力が選択する方向が「現実的」だと考えられ，それに対して批判的
な立場は「観念的」「非現実的」であるというレッテルを貼られがちであると
いうことである．丸山は，こうした一面的な「現実」に対して真っ向から挑戦
し，既成事実へのこれ以上の屈服を拒絶することが重要であると論じる（丸山
2017［1964］: 177）．

　こうした一面的な「現実」に立脚した現実主義批判が展開されるのは，日本
に限らない．ガッサン・ハージも同様に，モノリアリズム（mono-realism）につ
いて言及している．モノリアリズムとは，我々の思考と結びついている／結び
つきうる現実はただ一つしかないという考えである（Hage 2015: 8）．「現実的」
という言葉で前提とされる現実とは，複数に存在する現実のうちの一つでしか
ない．しかし，我々はいつの間にか丸山が指摘した落とし穴にはまり，モノリ
アリズムに固執し，オルタナティブや新たな社会構想のためのユートピアンな
思考を失ってしまっていると言える．もちろん，「現実世界」がどのように構
成されているかという分析を軽視することはできないが，その領域に留まり続
けてしまったら，甘んじて「現実」の圧政に屈すること，現在支配的なイデオ
ロギーを暗黙のうちに肯定・強化することになりかねない．ハージが論じるよ
うに，‘what is’, ‘what has been’ という現実の分析に基づきながらも，ラ
ディカルに ‘what can be’ という可能性を構想することが今求められている．

　こうしたモノリアリズムを切り崩し，‘what can be’ へのユートピアンな想
像力を取り戻すには，どうすればよいのか．それを考える上で参考になるのが，
カール・マンハイムの「相対的ユートピア」についての議論である．マンハイ
ムはまず，イデオロギーとユートピアを区別し，イデオロギーは過去に基づく
のに対して，ユートピアは未来に基づくと考えた．イデオロギーは過去に起こっ
たことに基づいて，今ある現実を正当化しがちであるのに対して，ユートピア
は未来の視点，または現在の現実の外部から，現在の現実を批判し，それを変

えようとするものなのである．このユートピアは2つのユートピア，「絶対的ユートピア」と「相対的ユートピア」に分けて考えることができる．「絶対的ユートピア」が完全に現実世界を超越するのに対して，「相対的ユートピア」は現時点での現実世界とは異なるものであっても，時間の経過とともに，古いリアリティを変化させ，新しいものに変えるポテンシャルを持つものである（Mannheim 1929＝1968：澤井 2004：68）．コスモポリタニズムは，この「相対的なユートピア」として考えることができるかもしれない．コスモポリタニズムはまだ実際には到来していない（yet to come）かもしれないが，その議論を通してナショナルでネオリベラルな圧力の中で見えづらくなっている他のリアリティに光を当て，世界をよりインクルーシブで開かれたものに変容させようとすることはできる．コスモポリタニズムを考えることは，「現実」主義で不可視化されたもう一つの見過ごされている現実を照射し，ありうる別の可能性，新たなオルタナティブを考える手助けをしてくれる．そのもう一つの現実とは，グローバル化が生んでいる相互依存関係の深化であり，我々が他者と共にすでに生きているということ，他者との関係なしに生を考えることは不可能であるということである．

　このグローバル化の時代において，コスモポリタニズムを考えるということは，現実とは乖離したただの夢物語をただ描くことではない．世界政府に類する体制は存在しない中で，より平等な世界のためにグローバルな規模で構造的な改革を行うことは非常に困難であるのは否定できず，ユートピア的な構想だと見なされることは少なくない．しかしながら，我々が生きる世界の中で，日々再生産され，放置されている不正義や不公平を無視することはできない．私がここで強調したいのは，コスモポリタニズムはそれ自体がそれに対する解決策，新しい社会構想には必ずしもならないと言うことである．それ自体が解答にはならないのに，なぜそれについて検討する必要があるのか．なぜならば，「新しいコスモポリタニズム」に関する議論はよりよい共生のための手掛かりを与え，新たな社会構想のための想像力を拓いてくれるためである．コスモポリタニズムに関する議論は，支配的なモノナショナルなリアリティの影で見えにくくなっている，多元的なリアリティや異種混淆性を照射し，グローバル化した世界の中でよりよく共に生きるための手掛かりを我々に与えてくれる．ジェー

ムズ・ブラーセットが言うように，コスモポリタニズムとは，グローバリゼーションに対しての倫理的なアプローチを生み出すための，優れた仕掛けの一つだと考えられる(Brassett 2010: 117)．コスモポリタニズムはグローバリゼーションをより平等かつ倫理的なものにするためのいくつもの試みの中の一つに過ぎず，コスモポリタニズムについて検討することは，より最適なアイデアに繋がっていくかもしれない (Brassett 2010: 99)．さらに，コスモポリタニズムについて懐疑的であったとしても，相互依存が深化した世界におけるコミュニティや連帯，コミュニケーションなどについて理解を深める上で，コスモポリタニズムについての議論から何かを学ぶことはできる．

　1990年代から2000年代にかけてのコスモポリタニズム・リバイバルの頃とは状況が異なり，当時の議論の前提はもはや存在しないのではないのかという批判もありうるだろう．今や，グローバル化に対するバックラッシュ，脱グローバル化 (de-globalization) や再ナショナル化といった現象が見られるようになり，グローバル化イコール，抗い難い不可逆な過程であるという理解は失効しつつある．[2]

　しかしながら，そうした現象が観察できる一方で，我々は依然として相互に依存しあった世界のなかで，多文化的リアリティを生きているということも否定することはできない．グローバリゼーションに対するバックラッシュがあったとしても，通りで外国出身者，外国にルーツがある人とすれちがうこと，どこか遠くで生産された製品を使うこと，そうしたことは私たちの日常の一部であり，そして外国出身者に対しての差別が根強く残っていることも，労働搾取が遠くの開発途上国で，そして日本国内でも技能実習生に対して行われていることも変わらず問題として存在している．文化的な他者や遠くの他者との関係なしには我々の生活は語りえないのであり，我々はすでにそうした他者と共に生きている．この共生をどうすればよりよいものにできるのか，どうすれば他者とよりよく生きることができるのかという問いから逃れることはできない．私が「新しいコスモポリタニズム」を通して検討したいのは，そうした共生をめぐる問いである．

　よりよい共生のための規範を考えることは，日本社会においてもより重要になっている．未だに日本は単一民族国家だと考える人は少なくないが，実際に

日本は多様な出自，複合的な文化的背景を持った人々によって構成されてきた．アイヌや琉球，そして植民地時代に本土に移住してきたコリアンやその子孫，1980年代以降の南米からの移民やその子孫など，様々な文化的な背景を持つ人々が日本社会には存在してきた．岩渕功一が論じるように，多様性をこれから推奨すべきものとしてではなく，常にすでに日本社会に存在してきたものとして認識する必要がある．そして，エスニシティや人種化された差異をめぐる不平等と差別の歴史と現状を認識するべきなのである（岩渕 2021）．

　さらに，少子高齢化を背景に，日本は労働力不足に直面していることから，日本政府は外国人労働者の活用の重要性を強調してきた．労働力不足が国際的な競争力の低下に繋がることを危惧し，政府は国外からの労働者の受け入れを近年一層熱心に推進するようになっている．さらに，2011年の東日本大震災，2020年開催予定だった東京五輪を背景とした，建設業界での労働力の需要の増加も，そうした動きを加速させてきた．例えば，安倍晋三前総理大臣は，成長戦略「アベノミクス」の一環として，「外国人人材（foreign human recourses）の活用」を進めてきた．日本で働く外国人労働者数は年々増加傾向にあり，2018年には140万人に到達している（厚生労働省 2019）．新型コロナウイルス感染症拡大のため，一時は減少傾向に転じたが，2023年現在は増加傾向に戻っていると言え，2022年10月時点で過去最高を更新し，約182万人となっている（厚生労働省 2022）．

　しかし，外国人労働者，特に技能実習生を取り巻く窮状を見ると，これらの外国人労働者は，人権を持った人間というよりも，「労働力」や「人的資源（human resource）」と見なされていると言える．日本政府は公式には単純労働者の受け入れは行わず，高度人材のみを受け入れるとしてきたが，この制度を抜け穴として活用することで，安価な単純労働力を国外から確保してきた．[3] 技能実習生はしばしば劣悪な労働環境に置かれてきた．法務省の調査によると，2017年には，約7000人の実習生が失踪しており，2012年から2017年の5年間で，トータルで2万6000人が失踪している（法務省 2018）．さらにコロナ禍で，勤務先の経営悪化，休業や倒産を背景に，収入の減少や突然の解雇を経験し，生活に困窮する技能実習生が発生することとなった．2020年4月よりコロナ禍の特例措置で転職が可能となったものの，不況の影響で労働需要が回復しない中，受け

入れ先の企業を見つけるのは難しい状況が続いていた．一方で，母国に帰国しようとしても，母国の入国制限や飛行機の減便のため，2021年頃までは思うように帰国することができなかったのである．

　こうした窮状から垣間見えるのは，日本政府が持つ暗黙の前提，同質的なネイションとしての「私たち」，「普通の日本人」と「彼ら」，「外人」という二分法，そして「彼ら」は「私たち」と平等ではないという考えである．このような二分法は，コロナ禍において，レイシズム，外国人嫌悪，排外主義が悪化する中で，さらに顕在化している．一つの事例として，さいたま市のマスク配布をめぐる問題を紹介したい（安田 2020）．2020年の３月，さいたま市はコロナウイルス感染症拡大防止のため，市内の幼稚園，保育園，放課後児童クラブに備蓄マスクを配布することを決定した．しかし，市は「直接に指導監督する施設ではない」ことを理由に，埼玉朝鮮初中級学校幼稚部を対象としなかった．しかも，その理由を尋ねた同幼稚園の朴洋子園長に対して，市の担当者は配布マスクが転売される可能性も示唆したと言われている．この時の心境について朴洋子園長は次のように語っている．

　　子どもの命の線引きをされた気持ちになりました．私たちは何が何でもマ
　　スクを寄越せと言いたかったわけではありません．朝鮮学校の園児たちも
　　同じように扱ってほしかっただけなんです．（安田 2020）

　このことが報道され，さいたま市への批判が高まった結果，市は結局朝鮮学校を配布対象に含むこととした．しかし，その結果もたらされたのは幼稚園へのヘイトスピーチであった．「国に帰れ」，「厚かましい」，「日本人と同じ権利と保護があると思っているのか」といった投書が園に寄せられた．この事例以外にも，同時期に見られた横浜中華街へのヘイトスピーチや，中国への偏見や憎悪が反映された「武漢ウイルス」という呼称など，コロナ禍にはポストコロニアルな文脈を持つ差別が多く顕在化した.[4]

　コロナウイルスの感染拡大によって「日本人」／「外人」の境界はより固定化し，より排他的なネイションが形成されているのではないだろうか．同じ社会の中で，よりよく共に生きていくためには，こうした二分法を乗り越え，他者への関わり方についての規範的な問いに向きあう必要がある．本書では「新

しいコスモポリタニズム」を批判的に検討することで，多様な差異を包摂し，よりよい共生を実現するための方途を探る．

2．日本におけるコスモポリタニズム研究の動向

　1990年代以降，世界的に関心を集めてきた「新しいコスモポリタニズム」であるが，日本ではどのように議論されてきたのだろうか．これまで，政治的なコスモポリタニズム，特にガバナンス論，グローバル正義論については日本でも盛んに議論されてきたと言える(千葉 2014；星野 2010；星野編 2010；伊藤 2010；古賀 2014)．グローバル正義論とは，地球上に存在する貧困問題，格差問題を解決するため，富裕国の持つ責任を明らかにし，分配的正義を実現するためのグローバルな制度枠組みを構築することを目指す立場であり，チャールズ・ベイツやトマス・ポッゲがその代表的な論者である (Beitz 1979＝1989；Pogge 2008＝2010)．また，グローバル・ガバナンス論については，コスモポリタン民主政を提唱する代表的論者，デイビッド・ヘルドの諸著作が積極的に翻訳され，早くから紹介されてきたことも，その議論の活性化に寄与したと考えられる(Held 1995＝2002, 1996＝1998, 2000＝2002, 2004＝2005, 2010＝2011；Held et al eds. 2005＝2007；Held et al. 1999＝2006)．このような潮流がある一方で，社会学を含んだその他の領域に関わるコスモポリタニズムについてはこれまでほとんど議論されてこなかった．コスモポリタニズム研究が盛んな北米・ヨーロッパ圏の社会学に比して，日本の社会学においてコスモポリタニズム研究は盛んであるとは言い難い．本書は，日本において最初の「新しいコスモポリタニズム」に関する包括的理論研究となる．

　日本で紹介が比較的進んでいる政治的なコスモポリタニズムは，グローバルな再分配の実現や，コスモポリタンな多層的民主政の実現といった制度的な変革を求めるため，どうしても「上から」，「コスモポリタン」な正義を押し付けるという印象を拭い切れない．[5] また，最終的には「それをいかに実現するのか」という実現可能性の問題に直面し，結局は机上の空論に過ぎないとして切り捨てられてしまう危険もある．しかしながら，グローバル化した世界の中で，構造的に生み出され続ける不公正や不正義を放置し続けることはできない．そこ

で問う必要があるのが，こうした政治的な変革を可能とするものは何なのか，いかなる社会的なものがそれを可能にするのか，ということである．ロビン・エカーズリーが指摘するように，政治的コスモポリタニズムは，倫理的な議論を強調する一方で，どのような社会的状況／条件がそれを成立させうるのかについての検討を軽視してきたと言える（Eckersley 2007）．つまり，国民国家を超えた政治／協働を支えうる連帯の可能性が検討される必要があり，それは「新しいコスモポリタニズム」が取り組んできた課題の一つなのである．本書の第4章では，こうした議論を参照しながら，連帯の条件について実際に検討を行っている．

　さらに，政治学以外の「新しいコスモポリタニズム」に関する書籍はこれまで，デイビッド・ハーヴェイの『コスモポリタニズム』（Harvey 2009＝2013），ウルリッヒ・ベックの諸著作（Beck 1997a＝2010，1997b＝2005，1999＝2014，2002b＝2008）を除き，日本ではほとんど翻訳がなされてこなかった．本書では，こうした「新しいコスモポリタニズム」とはどのような思想なのかを明らかにする中で，筆者の専門である社会学以外の領域での議論も多く参照している．なぜならば，前述のように「新しいコスモポリタニズム」とは領域横断的な理論であり，社会学の中のみに留まっていては，その議論の総体を理解するのは不可能だからである．

3．ベックのコスモポリタニズム理論の批判的継承

　本書のもう一つの目的は，ウルリッヒ・ベックのコスモポリタニズムの批判的継承である．なぜベックを扱うのかという理由は2つある．第一に，ベックは「新しいコスモポリタニズム」の代表的論者の一人であり，コスモポリタン化やコスモポリタン現実主義といったいくつかの重要概念をつくりだし，「新しいコスモポリタニズム」に関する議論の発展に大きく寄与してきたためである．第二に，ベックの理論は「新しいコスモポリタニズム」の特徴や問題性を体現していると言えるためである．

　これまでベックの理論は，日本では社会学内外において広く受容され，多大な影響を与えてきた（鈴木編 2015：鈴木・伊藤編 2011：伊藤 2017）．ただ，それは

主にリスクや個人化に関してであり，それらへの関心の高さに比して，コスモポリタニズムに関してはほとんど関心が払われてこなかった．数少ない先行研究である伊藤美登里（2017）では，コスモポリタニズムに関する議論が，ベックによる数多くの理論の系譜の一つとして詳細に解説されているが，ベック以外が展開するコスモポリタニズム論との関連についてはあまり触れられていない．そこで本書では「新しいコスモポリタニズム」というコンテクストとベックの理論の関連について検討することで，その意義や特徴，問題性を明らかにする．ベックの理論は1990年代以降の「新しいコスモポリタニズム」というムーブメントの発展に大きく寄与したと同時に，ベック自身もそこでの議論に大きく影響を受けながら自身の理論を発展させていったという経緯があり，この二者の関連を見ることでよりベックのコスモポリタン理論への理解を深めることができると考えられる．本書では，ベックのコスモポリタニズム理論の中でもコスモポリタン現実主義，コスモポリタン化という概念を取り上げ，その議論の特徴やその意義，問題点を指摘し，その理論的遺産を批判的に継承することを目指す．

4．全体の構成

本書の目的は 3 つである．第一に，「新しいコスモポリタニズム」がどのような特徴を持つものなのかを明らかにし，よりよい共生のための方途を探ること．第二に，ウルリッヒ・ベックのコスモポリタン理論の検討および，その批判的継承を目指すこと．第三に，「新しいコスモポリタニズム」の理論的行き詰まりを打破することである．第 1 章で詳述するが，ここで言う理論的行き詰まりとは，当初規範的な構想として注目を集めたコスモポリタニズムから，いつの間にかその規範性が抜け落ち，ただ多様性を記述する概念と化してしまったことを指す．これを克服するために本書では，欠落した規範について議論し，特によりよい共生のための規範を明らかにする．全体の流れを大まかに説明すると，まず第 1 章で「新しいコスモポリタニズム」とは何かを明らかにし，第 2 章，第 3 章をベックのコスモポリタニズムの批判的検討にあて，第 4 章，終章でベック理論や「新しいコスモポリタニズム」に内在する問題を克服し，よ

りよい共生のための規範について検討する．

　以下，各章の議論の内容について紹介する．第1章「「新しいコスモポリタ
ニズム」とは何か」では，「新しいコスモポリタニズム」を古典的なコスモポ
リタニズムと比較し，「新しいコスモポリタニズム」の何が「新しい」のか，
その4つの特徴を示す．その特徴とは，① ローカル／コスモポリタン二分法
批判，② ユーロセントリズム批判，③「根のある」ものとして考えること，④
3つのオープンネスである．これらの特徴を通して，「新しいコスモポリタニ
ズム」とは単なる焼き直しではなく，現代的な文脈に基づいて批判的／反省的
に再考されたものであることを示す．そして，最後に，「新しいコスモポリタ
ニズム」の理論的行き詰まりについて指摘する．「新しいコスモポリタニズム」
は理論的な示唆に富んだものだが，一方で一種の膠着状態に陥っている．当初
は何らかの規範的な構想への希求から議論が再興した「新しいコスモポリタニ
ズム」であったが，徐々に抑制的な議論が支配的になり，ただの文化的混淆状
態を示す言葉と化しつつある．その背景には，「新しいコスモポリタニズム」
が，コスモポリタニズムに内在するユーロセントリズムを暴き，そうした立場
性に対して自覚的でなければならないとして，自己批判という姿勢を重視して
きたことがある．このような潮流が強まった結果，次第に規範的な議論そのも
のを回避する傾向が強まり，ただ多様性を表す記述的概念と化していることを
指摘する．

　第2章では，ベックのコスモポリタニズムの中でもコスモポリタン現実主義
とコスモポリタン化を取り上げ，その特徴や意義を明らかにする．関連する諸
理論を参照しながら，ベックが政治的ビジョンとして論じたコスモポリタニズ
ム，「コスモポリタン現実政治（cosmopolitan realpolitik）」について検討する．グ
ローバリゼーションの進展によって国家の政策運営はグローバルな資本による
影響を受けており，そうしたグローバル化時代の新たな権力構造は「方法論的
ナショナリズム」では捉えきれないと同時にナショナルな政治では十分に対処
できないことを指摘する．その「方法論的ナショナリズム」を克服するために
ベックが提唱するのが「方法論的コスモポリタニズム」であり，その提唱の根
拠となるのが「コスモポリタン化」概念である．ベックのコスモポリタニズム
理論の中でも最も影響力を持ち，特徴的な「コスモポリタン化」概念の特徴を

明らかにする.

　第3章では，ベックのコスモポリタニズム理論について批判を展開する．まず，ベックに対する最大の批判としてユーロセントリズム批判を取り上げ，その例としてバンブラ（Bhambra 2011, 2016）の議論について検討する．バンブラは，ベックの議論には植民地支配という過去の軽視から生まれる現状認識のゆがみが存在すると指摘する．この指摘は説得的な面もあるが，ベック自身のユーロセントリズム克服の試みを過小評価している点を留意する必要があると論じる．ただ，ベックは初期からユーロセントリズム克服を課題として重視してきたことは事実であるが，その克服の仕方──例えば，ヨーロッパだけでなく複数の視点を持つこと──は不十分であることを指摘する．さらに，ベックは規範について論じることを避け，その代わりに現実／事実としてのコスモポリタン化を強調するが，こうした「現実」主義には限界があることを指摘する．第4章，終章では第3章で指摘したベックのコスモポリタニズム理論の問題を乗り越え，「新しいコスモポリタニズム」の理論を批判的に発展させることを目指す.

　第4章では，ベックが自明視する連帯について検討し，どのような要素が国境を越えた連帯の形成に寄与するかについて検討する．国境を越えた連帯を国民国家における連帯のように「強い」もの，すなわち資源の移転や再分配を可能とするものとして考えることは困難であるが，「弱い連帯」としてできるだけ強くすることを考えることはできると指摘する．「弱い連帯」を強化する要素を検討する上で，参照するのが災害支援において見られるコスモポリタニズムである．エカーズリー（Eckersley 2007）による2つのコスモポリタニズム，人道主義的コスモポリタニズム（humanitarian cosmopolitanism）と帰責コスモポリタニズム（culpability cosmopolitanism）を検討し，同情と因果関係という2つの要素が自然災害におけるコスモポリタンな連帯を形成し強化する可能性を指摘する.

　そして，災害支援において同情と因果関係は確かに国境を越えた繋がりを形成しうるが，この効果は一時的なものに過ぎないと論じる．グローバルに共有された問題は，継続的かつより集合的な対処を必要とするため，すぐ消滅してしまう「弱い連帯」では不十分であると指摘する．そこで，連帯を「できるだ

け強い」ものとする上で，改めて検討したいのが，そもそも感情はより大きな
コミュニティの形成や連帯の醸成に寄与できるのかということである．感情は
「新しいコスモポリタニズム」の中でしばしば肯定的に論じられてきたが，コ
スモポリタンな連帯の構成における感情の機能を過剰評価するのは危険である
ことを指摘する．感情はそもそも移ろいやすいものであるのに加え，感情主義
的なアプローチは「他者」を非人間化し，「他者」の窮状を非政治化し，「私た
ち」と「遠くの他者」の間の非対称的な権力関係を再生産する可能性があるこ
とを明らかにする．

　終章では，ベックのコスモポリタニズムがはらむ問題性の一つ——規範性の
忌避と現実の強調——を克服し，同時に「新しいコスモポリタニズム」の理論
的行き詰まりを打破するため，他者とのよりよい共生の実現のためにはどのよ
うな規範が必要かについて検討する．その規範として論じるのは，反省的自己
変容である．その議論を通じて，ただ文化的混淆状態に身を置くだけではなく，
そこで出会う他者との関わりの中で自らの存在を問い直し，変容させていくこ
とが重要であることを，「批判的コスモポリタニズム」の議論やカール・マン
ハイムの議論から明らかにする．

注

1 ）クリストフ・ラクナーとブランコ・ミラノヴィッチが「エレファント・カーブ」で説
　　明しているように，1988年から2008年の20年間の中で，グローバル化の進展で豊かになっ
　　たのは，先進国の富裕層，そしてインドや中国といった新興国の中間層であり，OECD
　　加盟各国の中間層の所得は伸び悩んでおり，先進国内での所得格差が拡大しているので
　　ある（Lakner and Milanovic 2013）．伊豫谷が言うように，以前は貧困といえば，「先進
　　国」／「発展途上国」という二項対立であったが，現在は「グローバリゼーションの波
　　に追いついていくことが出来る者」と「そうでない者」という新たな貧困をめぐる二項
　　対立が生まれていると言える（伊豫谷 2021）．
2 ）さらに，2020年のコロナウイルスのパンデミックを受け，「グローバル化の終焉」と
　　いう言説が散見されるようになった．例えば，政治学者であるジョン・グレイは，「ピー
　　ク・グローバリゼーションの時代は終わった」と論じている（Gray 2020）．アンソニー・エ
　　リオットは，グレイがグローバリゼーションを経済の側面でしか見ていないことを批判
　　し，グローバリゼーションは経済的であるだけでなく，社会的，文化的，政治的，歴史

的であり，パンデミックの中でも世界は相互に深く結びついていることを指摘している（Elliott 2020）．

3）2019年4月の改正出入国管理法の施行により，「特定技能」という在留資格が新設され，労働力不足が顕著な分野，介護，建設，造船，漁業，外食業，宿泊などの分野で労働者の受け入れが進められることとなった．これ以前は，日本政府は専門的技能を持たない単純労働者の受け入れは行わないという建前を維持してきたが，この制度により非熟練分野における外国人就労を事実上認め，推進することとなった．

4）危機の際に，差別的感情の増幅やヘイトスピーチの発生が見られるのは，珍しい現象ではない．1923年の関東大震災の際には混乱に乗じた朝鮮人が火をつけ，暴動を起こそうとしている，井戸に毒を入れているといった流言が発生した結果，朝鮮人虐殺に繋がった．2011年東日本大震災の際にも，被災地で外国人窃盗団が出現しているという流言が生まれたほか，差別的なデマや流言が多く見られた．また，2021年2月13日，コロナ禍に発生した東日本大震災の余震でも，福島の井戸に毒を入れている朝鮮人を見たという流言が発生していた．

5）政治的なコスモポリタニズムは，コスモポリティクス（cosmopolitics）と呼ばれることがある（Archibugi ed. 2003）．

第1章 「新しいコスモポリタニズム」とは何か

1. コスモポリタニズムの歴史

　コスモポリタニズムという思想の歴史は古く，紀元前4世紀まで遡ることができる．古くは古代ギリシャ，ルネッサンス，啓蒙時代を経て，イマニュエル・カントに至るまで長い歴史を持つ思想である．この本の主題はあくまでも「新しいコスモポリタニズム」であるため，この歴史を詳細に扱うことはできないが，その歴史を少し概観する．

　コスモポリタンという言葉は，ギリシャ語の kosmos と polis に由来する．Kosmos とは宇宙を意味し，polis は政治的コミュニティを指す (Holton 2009: 4 ; Appiah 2006: XIV). そもそも「コスモポリタニズム」という言葉を最初に使った人物は，古代ギリシャの哲学者，ディオゲネスとされている[1]．ディオゲネスがどこからきたのかと聞かれたときに，「私は世界市民だ」と答えたのはよく知られている．マーサ・ヌスバウムが指摘しているように，ディオゲネスはローカルな出自やある集団の構成員であることによって定義されることを拒否していた (Nussbaum 1996: 6). クワミ・アンソニー・アッピアによれば，市民 (citizen) とは特定の polis に属し，そこに対して忠誠心を持つと考えられてきた(Appiah 2006: XIV). 紀元前3世紀初頭には，ストア学派の哲学者たちは，人は皆同じ道徳的な価値を持つということを強調し，すべての人間を同胞，隣人と見なすべきだと考えてきたのである (Nussbaum 1996: 7).

　そして，このディオゲネスの考えを後に発展させたとされるのがストア学派の哲学者たちである[2]．高田によると，彼らはポリスが政治的独立を失っていたことを背景として，ディオゲネスの kosmos polites のイメージをさらに展開し，各人はローカルな共同体と，人間的な討議と志の共同体という2つの共同体に

住んでいるとした．彼らがコスモポリタニズムを唱えたのは，ロゴスの普遍性からであり，ロゴスこそが一切の存在するものを支配し指導しており，ロゴスに従って生きることが理にかなった生き方と考えていたのである（高田 2007: 288–291）．

　そして，コスモポリタニズムはルネッサンス，啓蒙時代に再び脚光を浴びることとなった．バーニー・ワーフが指摘するように，船での世界一周航海は，世界を一つのものとして想像する一つの契機となった（Warf 2012: 276）．こうした航海は植民地支配と侵略や，啓蒙主義的なコスモポリタニズムと繋がっている．ウィル・キムリッカとキャスリン・ウォーカーによれば，啓蒙主義的なコスモポリタニズム論者たちはすべての人間が同じ道徳的価値を持つと考えていたが，その一方で，そうした理想は，一つの言語・文化によって統合された一つの世界政府によって実現されるべきだと考えてもいたのだ（Kymlicka and Walker 2012: 3）．例えば，フランス人哲学者，数学者であるニコラ・ド・コンドルセは，そうした世界政治における言語や文化は，当然フランス語，フランス文化となるだろうと考えていたと言われている（Kymlicka and Walker 2012: 3）．

　啓蒙主義的なコスモポリタニズム論者としてよく知られているのが，イマニュエル・カントであり，カントはストア派の影響を受けてコスモポリタニズム概念を発展させた．コスモポリタニズムについて言及された彼の著作，「永遠平和のために（Perpetual peace: A philosophical sketch）」は，フランスとプロイセンがバーゼルの和約を締結した1795年に出版された．この和約はあくまで一時的な講和条約に過ぎず，将来の戦争を防ぐことはできないと考えられていたため，永遠の平和の実現のためには何が必要なのかについて，この著作においてカントは検討した．

　カントは，常備軍の廃止や内政干渉の禁止等を非戦論の予備条件として挙げた上で，国家間の永遠平和のために世界市民法の必要性を説いている（Kant 1983 [1795] ＝1985: 49）．人間の間での平和状態は自然状態ではないとし，平和状態は創設されなければならないと考えたカントは，その創設のための3つの法的体制を示した．第一に，国内体制については共和制が確立された国内法に基づく体制，第二に，国際体制については自由な諸国家の連合制度に基づく体制，第三に，普遍的な友好をもたらす諸条件に制限された世界市民法による体制の

3つである（Kant 1983［1795］＝1985）．第三の体制における世界市民法では，すべての人間には，地球の表面を共同に所有する権利に基づいて互いに交際を申し出ることができるという「訪問の権利」があると主張されている（Kant 1983［1795］＝1985：49）．その権利こそがコスモポリタンな権利（cosmopolitan right）として知られているもので，この権利を認めることで，遠く離れた諸大陸も互いに平和な関係を結び，人々はコスモポリタン体制へと近づくことができるとカントは考えた[3]．

　そして，1990年代，コスモポリタニズムは新たな関心を獲得してきた（Appiah 1996；Archibugi 1998；Beck 1998, Bhabha 1996；Cheah and Robbins eds. 1998；Held 1997；Kaldor 1996；Nussbaum 1996；Pollock 1998；Werbner 1999）．その背景にあるのは，冷戦の終結とベルリンの壁崩壊である．このイベントが起きた1989年が，ヨーロッパ──コスモポリタニズム・リバイバルの中心地──にとって重要であったことは言うまでもない．デランティも指摘するように，1989年以前には，中央ヨーロッパ，東欧を除外した形でしかヨーロッパの統合について語れなかった．しかし，共産主義と資本主義というイデオロギー上の大きな対立が終わったことで，ヨーロッパの統合というプロジェクトへの道が開かれた（Delanty 2010：1）．「歴史の終わり」（Fukuyama 1992）に到達したと考えられたことで，国境を越えた連帯やコミュニティが現実味を帯び，そうした新たな政治や社会への想像力が喚起されたことが，コスモポリタニズムの再検討に繋がっていった．

　そして，2000年代以降，リバイバルはさらに加速する（Archibugi ed. 2003；Appiah 2006；Beck 2004＝2006；Delanty 2009；Delanty ed. 2012；Fine 2007；Held 2010＝2011；Holton 2009；Kendall et al. 2009；Vertovec and Cohen eds. 2002）．こうして再検討されたコスモポリタニズムは，様々な領域で，多様な形で議論されてきた．コスモポリタニズムの名の下で，グローバルな再分配制度といった積極的な提案をするものもあれば，他者への開かれた態度が必要であるといった控えめな主張を展開するものもあり，その議論は一枚岩ではない．様々な論者がそれぞれの接頭辞をつけたコスモポリタニズムを提案した結果，その総数は膨大なものなっている[4]．エドゥアルド・メンディエタは，近年急増したコスモポリタニズム研究をバベルの塔の廃墟に例えており，コスモポリタニズム研究者であっ

てもその総体を把握することは困難となっていると指摘する（Mendieta 2009:
241）.

　こうしたコスモポリタニズム研究急増の背景にあるのは，冷戦後に急加速し
たグローバリゼーションによって生じた社会的変容である[5]．グローバリゼー
ションが，かつてないスピード，スケール，深度で進展することで，あらゆる
事象がその影響を受け，大きく変化したと考えられてきた．ジグムント・バウ
マンはグローバリゼーションについて，ある人々にとっては歓迎すべきもので
ある一方，他の人々にとっては不幸の原因となっているが，あらゆる人々にとっ
て不可避な世界の運命をもたらすもの，不可逆的な過程であり，全員に等しく
影響を及ぼす過程であると考えている（Bauman 1998＝2010: 1）．前述したよう
に，グローバリゼーションは，経済，文化，政治，技術といった様々な領域に
おける世界的な相互依存の深化を意味し，それ自体は長い歴史を持つとされる
こともあるが，経済のグローバルな統合や情報化が進展した1970年代以降の急
速な変化はそれまでのものとは一線を画するものになっていると言える．デラ
ンティも指摘するように，グローバリゼーションは社会関係に対して驚異的な
変容をもたらし，国民国家，資本主義，シティズンシップ，コミュニケーショ
ンといったあらゆるものがかつてと同じようには考えられなくしてしまったの
である（Delanty 2009: 1）．コスモポリタニズムは，こうしたグローバリゼーショ
ンが高度に進展し，相互依存が深化した世界をよりよく理解し，それにいかに
対応するかを考えるための理論として注目を浴びた.

　これまでも，グローバリゼーションがどういった社会的変容をもたらしたか
については，人文学／社会科学において広く議論され，多くの研究がなされて
きた．しかしながら，デランティが言うように，それらは実証的な分析のレベ
ルに留まることが多く，規範的な理論枠組みを提示することは避けられる傾向
にあった（Delanty 2009: 1）.「新しいコスモポリタニズム」は,「どのような社
会変容が生じているのか」という問いからもう一歩踏み込み,「その変容にど
う対処できるのか」,「どう対処すべきなのか」という規範的な問いにも挑もう
としてきた．デランティがさらに指摘するのは，昨今のコスモポリタニズム議
論の盛り上がりの背景にあるのは，グローバル化の影響に対する不安の広がり
や，他者の立場を考慮しながら，国境を越えた問題に対する解決策を探ろうと

いう意識であったということである (Delanty ed. 2012: 2). さらに, キムリッカとウォーカーは, グローバル化の進展は, ナショナルな孤立,「鎖国」のようなあり方を古い考えとし, グローバルな共同体や責任, 統治を考えるための規範的概念を探ろうという意識をますます高めており, ある種のコスモポリタニズムの出現を避けられないものとしたと論じている (Kymlicka and Walker 2012). このように, グローバル化時代に新たな規範性を議論することへの要請が「新しいコスモポリタニズム」登場の背景にはあったといえる.

　こうした議論が持つ一つの特徴は, グローバル化が生み出した負の側面だけでなく, ポジティブに評価できる側面, 国民国家を超えた共同性や連帯が育まれつつあることにも目を向けようとしてきたことにある. グローバル化とは, ポジティブ／ネガティブ, 両方の影響をもたらす, 複雑な現象である. しかし, 序章でも論じたように, 近年はその負の影響が取り沙汰されることが多い. 一般的に, グローバル化はグローバリズムや経済的グローバル化と同一視されることが多く, いかに「国際的な競争力」を上げてグローバルな競争で勝つか, それとも負けるのかといったゼロサムゲーム的な世界観が「現実」として捉えられ, それこそが「ただ一つの道」であるとされることは少なくない. さらに, そうした競争の中で「取り残された」と感じる先進諸国の人々にとってグローバル化とは悪夢であり, そうした中で,「反グローバリゼーション」を掲げ, 排他的なナショナリズムに希望を寄せるという事態が起こっているとも考えられる. 彼らにとって, グローバリゼーションとは国家の秩序, 治安を乱し, 雇用を奪い, 難民受け入れといった望ましくない負担を増やすものになっているのである.

　確かに, グローバル化は, 過度な競争や新たな搾取, 不平等を生んでいると言えるが, 同時に共生のための土壌を豊かにしている可能性もある.「新しいコスモポリタニズム」はそうしたグローバリゼーションがもたらすポジティブな影響に目を向けようとしてきた. グローバル化が生み, 増幅させている諸問題に批判的な視座を向けながらも, そういった希望に同時に目を向けようとしてきた. つまり, コスモポリタニズムを考えることは, もう一つの見過ごされている現実を照射し, ありうる別の可能性, 新たなオルタナティブを考える手助けをしてくれる. そのもう一つの現実とは, グローバル化が新たに生んでい

る国民国家を超えた共同性や連帯であり，そういったものを基盤として，コスモポリタンな協働や協調という新たなオルタナティブを探求することが可能になる．

　グローバル化の進展に呼応する形で議論が1990年代以降再興したコスモポリタニズムを，本書では「新しいコスモポリタニズム」と呼んでいるが，何が一体「新しい」のか．それは，単なる焼き直しではなく，現代的な文脈に照らしあわせながら，批判的／反省的に再構成されたコスモポリタニズムであるためだ．前述したように，現代的なコスモポリタニズムの議論は，グローバル化の進展によって一定のリアリティを獲得してきたが，同時に慎重な修正，批判的な再構成を余儀なくされてきたのだ．この再構成においては様々な観点が考慮に入れられていると言えるが，ここでは4つの特徴，①ローカル／コスモポリタン二分法批判，②ユーロセントリズム批判，③「根のある (rooted)」ものとして考えること，④3つのオープンネスについて説明したい．ただ，ここで留意すべきなのは，現代的なコスモポリタニズムの議論においてこうした特徴のすべてが必ずしも反映されているわけではないということである．ある議論においてはすべての特徴が反映されているかもしれないが，別の議論では一つの特徴しかしか見られないということもありうる．しかし，ここで挙げる特徴は，「新しいコスモポリタニズム」の「新しさ」を構成しており，「新しいコスモポリタニズム」を注目すべき理論と考える根拠となっているのである．

2．ローカル／コスモポリタン二分法批判

　まず，1つ目の特徴，ローカルな特殊／コスモポリタンな普遍という対立軸を想定する二分法への批判である．前述したように，古典的なコスモポリタニズムでは，ローカルな帰属や愛着からの解放こそが望ましいと考えられることが多かった．ヘルドも指摘するように，コスモポリタニズムでは，何よりもまず，国家や民族，階級ではなく，人類全体の道徳的な領域に対して忠誠を尽くすべきだと考えられていた (Held 2010 = 2011: 40)．

　ヌスバウムは，最もよく知られたコスモポリタニズム論者の一人である．ヌスバウムは，「世界市民になるということは，しばしば孤独な営為」であり，「一

種の亡命――ローカルな真実がもたらす慰めからの，愛国主義の暖かく心地よ
い感情からの，自分自身や自分のものに対する誇りをめぐる魅力的なドラマか
らの亡命」であると論じている（Nussbaum 1996＝2000：37）．なぜならコスモ
ポリタニズムは理性と人間性への愛のみを提供するが，それは他のコミュニティ
――ローカル，ナショナルなコミュニティなど――がもたらす帰属感の源泉ほ
ど色鮮やかとは言えないためである（Nussbaum 1996＝2000）．そして，ヌスバウ
ムはローカルな帰属を中心に置き，外側に人類全体のコミュニティへの帰属を
置く，帰属の同心円モデルを提示する．

　　ストア派の哲学者たちは，世界市民であるためには，ローカルな自己同一
　　化を放棄する必要はないということを協調している．それは，生活の大い
　　なる豊かさの源泉になりうるのである．彼らは，ローカルな帰属をもたな
　　いものとしてではなく一連の同心円によって囲まれているものとして自分
　　たち自身を考えるよう，われわれに提案する．最初の円は自分を囲んでお
　　り，次の円は直接の家族を包含し，次に拡大家族，さらに順番に，隣人た
　　ちやローカルな集団，同じ街の居住者，同郷人と続き，そしてわれわれは，
　　このリストに，民族的，言語的，歴史的，職業的，ジェンダー的，性的ア
　　イデンティティに基づく集団をたやすく加えることができる．これらすべ
　　ての円の外には，もっと大きな円，すなわち人類全体がある．（Nussbaum
　　1996＝2000：27-28）

　ヌスバウムは，この帰属の同心円を外から中心に向けて描くことで，人類を
同じ街の住人に近い存在にすることがコスモポリタニズムの課題だと考える．

　　我々は，すべての人々を我々の対話と関心の共同体のメンバーとみなし，
　　われわれの政治的配慮を人々を結合するそのような共通性の上に基づか
　　せ，我々の人間性を規定する円に特別な注意と尊敬を払うように務めるべ
　　きなのである．（Nussbaum 1996＝2000：28）

　そのようなヌスバウムの指摘に対して，ベンジャミン・バーバーは次のよう
に批判している．

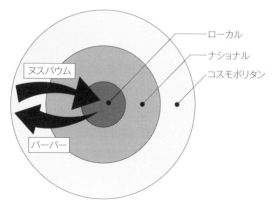

図 1-1　帰属の同心円モデル
出所）筆者作成.

　われわれは，世俗のこの特定の隣人関係のなかで，あの教区で，この渓谷
で，あの海岸で，この家族のなかで暮らしているのである．われわれの愛
着は，狭いところから発して，その後はじめて外へと拡大するのである．
無媒介のコスモポリタニズムを支持して，それらを飛び越えてしまうと，
結局どこにも行き着かなくなる──本国でも世界でもくつろぐことができ
なくなる──という危険を冒すことになる．(Barber 1996 = 2000 : 68)

　図 1-1 の帰属の同心円モデルでいえば，ヌスバウムは外から内へ描くこと
を目指していたのに対して，バーバーは内から外に描くべきだと考えたのであ
る．しかし，このヌスバウムとバーバーのこの論争では，そもそも「外」と「内」
が分離可能なものであるという前提を置いていることが問題であると言える．
つまり，コスモポリタンなものは特定の場所に帰属せず，「根」を持つことは
なく，その反対に，ローカルなものは一つの場所に固く結びついているという
前提が垣間見えるのである．
　現代社会においては「内」と「外」の境界が揺らぎ，あらゆるものが混成的
になっているのであり，そうした二元論はもはや失効していると言っても過言
ではない．我々にとって物理的に近いローカルな場所が，様々な場所や遠くの
他者に繋がりうるのであり，それ自体がコスモポリタンな多元性を持ちうる．

ただ，ここで強調すべきなのは，これは「内」と「外」の境界が消滅し，世界がボーダーレスになっているということを意味するのではないということである．ここであくまで問題化しているのは境界を静的で固定的なものとして捉えることであり，クリス・ランフォードが言うように境界をめぐるダイナミズムを認識する必要があると考えている（Rumford 2008）．

　私たちの日常を構成する様々なものがハイブリッドになっていく中では，ローカルな場所が遠くの場所や人との繋がりを持つようになっていく．しかしながら，そうしたダイナミズムはしばしば見過ごされてきた．例えば，ベイツは，ローカルな見方は部分的なものに過ぎないと論じる．

> 「包括的」という言葉で私が意味するのは，コスモポリタンな見方はすべてのローカルな観点を包含するということである．コスモポリタンな観点は各部分の全体を見とおそうとする．「無視点的（non-perspectival）」によって私が意味するのは，コスモポリタンな観点は全体を構成する各部分を真に相対的な規模でみようとするということである．前景も背景もない．それらがきちんと比較できるように，各部分の比率は精確に表されなければならない．もしローカルな見方が部分的であると言えるのであれば，コスモポリタンな見方とは公平で偏りのないものである．（Beitz 1994: 120）

　ベイツは，ローカルな見方は部分的であり，コスモポリタンな見方は全体的だと論じているが，それとは反対の見方——ローカルなものはコスモポリタンなものを包含しうる——も可能なのである．ベイツのような発想の根底にあるのは，コスモポリタンなものは特定の場に帰属せず，「根」を持つことはないという考えである．しかしながら，グローバル化が深化し，社会がよりハイブリッドに，多様に，混じりあっていく中で，今やローカル／コスモポリタン，「内（the inside）」／「外（the outside）」の境界は曖昧になっており，かつての古典的なコスモポリタニズムが前提としていたローカル／コスモポリタン二分法が失効しつつある．「新しいコスモポリタニズム」ではこうした二分法が批判され，ローカルな場所それ自体が持つ異種混淆性，多元性に目を向ける必要性が提起されてきた．例えば，デランティは，ローカルとグローバルは複雑に絡みあっており，その中で新しく構成されているコスモポリタンな現実に目を向

けることが必要であると論じている（Delanty 2009: 15）．そして，ランフォード
が論じるように，私たちが生きている世界は，グローバルとローカル，普遍と
特殊の間の出会いによって形づくられていると言える（Rumford 2008: 12）．ロー
カルな場所そのものが持つ異種混淆性，多元性，そこから紡ぎだされる普遍性
に目を向ける必要性が論じられてきたのだ．

　ただ，ここで留意する必要があるのは，かつてのコスモポリタニズムは必ず
しもローカルな愛着や帰属を否定していたわけではないということである．例
えば，啓蒙主義的コスモポリタニズム，18世紀のコスモポリタニズムをその事
例として挙げることができるだろう．フェン・チャーによれば，18世紀の百科
事典でダランベールが書いたコスモポリタン（cosmopolitan）についての記述で
は，コスモポリタニズムにおける普遍性は，必ずしも根なし草（rootless）のよ
うなあり方やローカルなものの排除を意味しないと説明されている（Cheah
2006: 476）．こうしたコスモポリタニズムは，血縁関係や地縁といった無意識
のうちに持っている繋がりを超え，世界規模まで広がる帰属の同心円を想定し
ていると言える（Kendall et al. 2009: 37）．確かにここでは，人々は物理的に近い
コミュニティに対する愛着や帰属感を持つことが許されており，コスモポリタ
ンなものとローカルなものは両立可能なものとして考えられている．しかしな
がら，依然としてローカルな特殊／コスモポリタンな普遍という二分法が前提
とされており，やはりローカルなものは超えていかなければならない対象であ
る．これは，啓蒙主義的なコスモポリタニズムと新しいコスモポリタニズムの
違いの一つであり，新しいコスモポリタニズムは，ローカルなものそれ自体が
異種混淆的で多元的になっていることに目を向けるべきだと論じている．

3．ユーロセントリズム批判

　第二の特徴はユーロセントリズムに対する批判である．コスモポリタニズム
という思想は西洋の知的伝統として発展してきた歴史を持つ．シェルドン・ポ
ロックが指摘するように，コスモポリタニズムそれ自体が，「救いようがない
までに（irredeemably）」ヨーロッパのものなのである（Pollock et al. 2000）．
　古典的なコスモポリタニズム，そしていくつかの現代的なコスモポリタニズ

ムについての議論において，その歴史的・地理的な特殊性は無視される傾向にあった．そうしたコスモポリタニズムでは，差異を無視し，一地方に過ぎないヨーロッパの理念を「普遍」として，他の地方に一方的に押し付けてきた．ここでは，世界はたった一つのものとして想像され，世界の複数性は無視されてきた．この例が，前述した啓蒙主義的コスモポリタニズムであり，そこでは一つの言語と文化によって成立する単一の世界秩序が理想とされていた(Kymlicka and Walker 2012)．しかし，このコスモポリタニズムはキムリッカとウォーカーが指摘するように，ユートピアンであると同時にディストピアンである．なぜなら，これは民主的な世界政府を掲げる点でユートピアンであるが，同時に文化的・言語的多様性を抑圧し，帝国主義への扉を開くという点でディストピアンなのである (Kymlicka and Walker 2012)．西洋 (West) を中心化し，それ以外 (the Rest) の人々やその考え方を無視し，西洋の価値や思想を普遍的に受け入れられ，実践されるべきものとして，「コスモポリタニズム」の名の下で押し付けることは，悪夢以外の何でもない．

　安易にコスモポリタニズムを普遍的な原理として見なすことは危険である．これまでも，コスモポリタニズム論者たちは，西洋の経験を単に一般化して，世界を想像することで，普遍的な規範や制度は西洋の思考枠組みからのみ生まれるという幻想を堪能してきたと言える (Grovogui 2005: 105; Popke 2007: 513)．このような可能性に対して批判的な視座を向けなければ，西欧のエリートによる独善的な普遍主義が「コスモポリタニズム」の名の下で，知らず知らずのうちに推し進められる可能性がある．

　これは，イマニュエル・ウォーラーステインが「ヨーロッパ的普遍主義」として危惧し，批判しているものとしても理解することができるだろう (Wallerstein 2006＝2008: 12–14)．汎ヨーロッパ世界の指導者，主流派のメディアや体制側の知識人のレトリックは，自らが主張する政策，とりわけ，非ヨーロッパ諸国の「他者」に関する政策を正当化する上で，普遍主義に訴える言葉をよく用いることを指摘している．この普遍主義は部分的で権力によって歪められた普遍主義であり，近代世界システムの支配者層にとっての利益を追求する，汎ヨーロッパ世界の指導者および知識人のよって提唱されたものであり，それは真の「普遍的普遍主義」ではないというのである．

さらに，ユーロセントリズム批判では，ある特定の価値を普遍的なものとして押し付けるだけでなく，ある視点を一方的に押し付けてきたことも批判の対象となってきた．コスモポリタニズムが暗黙のうちに内在化してきた視点は，どこからの視点でもないと言いながらも，結局のところそれはヨーロッパの視点だったのである．例えば，先ほど参照したように，ベイツは，ローカルな見方は部分的であり，コスモポリタンな見方は全体的であり，コスモポリタンな視点はすべての視点を包含すると論じていたが，そのような視点を持つことは本当に可能なのだろうか．そのような姿勢は，むしろヨーロッパの視点を隠蔽することになるのではないかという疑問が生まれる．また，ベイツは，コスモスとコスモポリタンな視点の関係について以下のように説明している．

> コスモスという概念は宇宙または大宇宙（macrocosm）を表す，つまり存在する全てのものである．コスモポリタンな見方とはこのコスモスと対応する見方であり，そこからは全てが見通せるのである．それと最も対照的なのは，ローカルなもの，部分的なもの，個別的なものである．(Beitz 1994：120)

ベイツは，ある世界，あるコスモスの存在を自明のものとして前提としているようだが，世界観，コスモス観は複数存在する．あらかじめ一つの世界を共有していることが当然のように論じ，異なる世界観を認めないという視点は，エスノセントリックであると言える．ベイツのようなコスモポリタンな視点は，「アポロの眼差し（Apollonian gaze）」に象徴される (Jazeel 2011：81)．タリク・ジャジールによれば，「アポロの眼差し」とは，宇宙船アポロから地球を見た視点であり，アポロから撮影された地球の写真は私たちに，この惑星は人類を一つにするという夢を見させる．確かに，地球を宇宙から見た写真はコスモポリタニズムへの希望を喚起したかもしれないが，この宇宙から地球を見る眼差しには，世界を支配し，ある一つの視点から普遍性をデザインする帝国主義的企みが内面化されている (Jazeel 2011)．ジャジールによれば，コスモポリタニズムに関する研究は，こうした惑星的・地理的想像力をしばしば内面化してきた．そうしたコスモポリタニズムで前提とされるコスモスは，地理学的に罪のないシニフィエではなく，帝国主義的なアポロの眼差しと結びついてきたのだ

(Jazeel 2011)[6].

　ブルーノ・ラトゥールも同様にコスモポリタニズムのエスノセントリックな性格を,「人類学的な無知 (anthropological blindness)」として批判している. ラトゥールは, コスモポリタニズム論者たちは, 人間の世界に対する見方は基本的に同様であると考えることで, 世界に対する複数の見方を見落としていると言う. ラトゥールはこの傾向をモノナチュラリズムと呼び, モノナチュラリズムを特徴づけるのは, 単一のコスモスを前提とすることだと論じた. ラトゥールによれば,「共通の世界とは, あたかも常にそこにあるのに気づいていないだけで, 我々が認識するようになるといったものではなく, どうにかして共に築くもの」なのである (Latour 2004: 453).

　このように, コスモポリタニズムに関する議論は, その思想が形成されてきた歴史的な文脈ゆえに, 西洋的な視点に支配される傾向にある. このような可能性に対して批判的な視座を向けなければ, 欧米的普遍主義が「コスモポリタニズム」の名の下で推し進められる可能性がある. 実際, コスモポリタニズムに関する議論はほとんどヨーロッパや北米の学者, 知識人に支配されており, 非コスモポリタン的ともいえるようなそのほかの場所の軽視がしばしば見られる (Hannerz 2004: 83).

　「新しいコスモポリタニズム」では, そうした差異を無視し,「普遍」を一方的に押し付けるユーロセントリックなコスモポリタニズムへの批判が展開されてきた. そして, そうした批判は, コスモポリタニズムを非ヨーロッパ圏の様々な地域から考える取り組みにも繋がってきた. コスモポリタニズムは西洋の知的系譜に制限されるものであるべきではなく, 多様なコンテクストにおける様々な経験と結びつけて考えられるべき, とデランティは指摘しているが, まさにそのような考えが「新しいコスモポリタニズム」では広く共有されてきた (Delanty ed. 2012: 4-5). そうした志向性はしばしば非エリートやマージナルな空間との接続やポストコロニアル理論への接続にも繋がってきた (Bhabha 2004=2005; Mignolo 2000; Werbner 1999).

4. 「根のないコスモポリタニズム」から「根のあるコスモポリタニズム」へ

4-1. 「根なし草」でエリート主義的なコスモポリタニズム

　3つ目の特徴は，コスモポリタニズムを「根」のあるものとして考えることである．日本においてコスモポリタニズムは，「根なし草（rootless）」，「机上の空論」，「空想」，「リアリティがない」など，「現実」からは大きく乖離した理念であるという印象が根強いと言える．この「現実とは切り離された空想」という印象は，どこからきているのだろうか．このイメージの根底には，ある一つの誤解が横たわっていると考えられる．その誤解とは，コスモポリタニズムは，ローカルな帰属や愛着を否定し，世界市民としての倫理を何よりも優先させるというである．こうした誤解が，どこにも「根」を持たない，具体的な文脈を持たない／接続できないものとしてのコスモポリタニズム，「根のないコスモポリタニズム（rootless cosmopolitanism）」というイメージに繋がっていると考えられる．

　この誤解は，「コスモポリタン」のイメージとも関連している．もともと，コスモポリタンと言えば，肯定的な意味あいにおいて，外交官や国連職員のような人々を指すこともあるが，故郷を喪失した人々や，故郷を顧みず，愛国心を持たない「根なし草」のような人々に対する侮蔑的な呼称として使われることも多かった．例えば，反ユダヤ主義の標語の一つは，「コスモポリタンなユダヤ人（cosmopolitan Jews）」であった．ユダヤ人は，「根無し草的で，ユダヤ民族以外には忠誠心を持たない」という見方から，否定的な意味あいで「コスモポリタン」と呼ばれることがあったのだ（Fine and Cohen 2002: 146）.

　同様のイメージは日本にも存在してきた．1987年1月1日の朝日新聞の社説「「心の国際化」とナショナリズム」では，「無国籍的コスモポリタンはだれにも尊敬されない」ため，日本の文化をしっかりと身につけるべきという主張が展開されていた．「コスモポリタン」とは望ましくない存在としてしばしば描かれる．右派の論客としてよく知られている櫻井よしこは，1999年の朝日新聞のインタビュー記事の中で，高校卒業後，父親の仕事でハワイへ行く際は，「コ

スモポリタンになろう，国境のない白い地図みたいな人間になろうと思っていた」が，それが「能天気」であったと気づき，国家意識の重要性を気づいたと答えている[7]．

このようにネガティブなイメージが根強いのに対して，ポジティブな意味で「コスモポリタン」という形容詞が使われることもある．例えば，1987年にノーベル医学生理学賞を受賞した利根川進は，「大学卒業後20年以上を欧米で過ごしたコスモポリタン」と称されていた[8]．すなわち，「コスモポリタン」のイメージは，① 愛国心を持たず「根なし草」のような望ましくない存在，② 国際的に活躍するエリートという手の届かないような理想像の２つに大きく分けることができるだろう．第二のイメージは一見良いもののように見えるが，結局，「普通の人々」ではない一部の人，現実ではなくあくまで理想という範疇に留まっている．このようにコスモポリタンとは，ポジティブに称賛される際に使われるとしても，ネガティブな意味で非難する際に使われるとしても，どちらにしても「普通の人々」とは関係がなく，日常的・ローカルな生活世界とは切り離されたものとして見なされていると言える．

そして，国際的なエリートは，かつては利根川のような研究者や国連職員などが想像されることが多かったが，今ではいわゆるグローバルエリートのようなグローバル資本と結びついた存在として想像されることが多くなっている．ズラトコ・スカービスとイアン・ウッドワードが指摘しているように，コスモポリタン＝特権的であり，グローバルに移動し，資本を持っている人々というのが，支配的なイメージとして構築されてきたのだ（Skrbis and Woodward 2007: 731）．このようなグローバルエリートと固く結びついたコスモポリタニズムは「新しいコスモポリタニズム」の中で度々批判されてきた．例えば，カルフーンは，コスモポリタニズムを「頻繁に飛行機に乗りマイルを貯め込む人々が持つ階級意識（class consciousness of frequent fliers）」と呼び，マイレージクラブ会員専用のラウンジに住む特権階級が持つ倫理的志向性に過ぎないと批判している（Calhoun 2002b: 893）．こうしたエリート・コスモポリタニズムもまた，コスモポリタニズム＝空虚な理想論というイメージを強化してきたといえよう．コスモポリタニズムはグローバルエリート——ローカルな繋がりには目もくれず，ナショナルな境界を簡単に行き来する人々——のための思想，そうしたグ

ローバルな可動性を持つ人々だけが持ちうる知的特権と捉えられるかもしれない[9].

　バウマンによれば，グローバル化が進展する中で，グローバルな可動性を持つものと持たざる者の間に分断が生まれており，思いのゆくままグローバルに移動できる可能性を持つものは権力を持ちながらも様々な負担から自由になることができる一方で，持たざるものの負担は増加する一途にある（Bauman 1998＝2010）．可動性を持つ「上層」の人々は思いのままにどこに移動するかを決定する「旅行者」となり，「下層」の人々を置き去りにすることができ，「上層」の人々は「下層」の人々が繋ぎとめられている地域の汚さや不潔さを捨てて去っていくのである（Bauman 1998＝2010: 120-131）．場所に縛り付けられていない権力は，通知や予告なしで移動できるため，搾取するのも自由なら搾取の帰結を放置するのも自由であり，その帰結についての責任は免除されることとなる．この責任の免除は，可動性を手にした資本にとって非常に大きな利得であり，かつてない義務からの権力の切り離しを意味するのである（Bauman 1998＝2010: 13-14）．

　このような「旅行者」の像は，具体的にはクリスティア・フリーランドがその著者の中で描き出したグローバル化時代のスーパーエリート，「プルトクラート」として理解することができよう（Freeland 2012＝2013）．世界の富は彼らに集中し，「プルトクラート」とそれ以外の人々に分割されつつあり，1970年代のアメリカでは所得上位1％の年収は国民所得の10％であったが，35年後には国民所得の3分の1を占めており，その格差はかつてないほど拡大しているという（Freeland 2012＝2013: 20）．彼らはグローバルに行き来しながら国境を越えたコミュニティを築き上げており，それは一つの民族とも呼べるとフリーランドは指摘している．グローバルな競争環境で勝ち抜ける能力を持たない庶民への再分配に関して積極的ではなく，その一部は，どの国の政府からも法的に干渉されずに自由に営利行為が行える人工島への脱出をも考えているとも言われる（Freeland 2012＝2013: 22, 362）．

　グローバルな可動性を持つものは権力を手にしながら，同時に様々な義務から逃れることのできる選択肢をも手にする．ベックも指摘するように，伝統的な支配は領域に核心があり，空間的・物理的近接性を前提としていたが，今や

支配関係はそういったものを前提としない (Beck 2002b＝2008: 174)．例えば，グローバルな可動性を持ち膨大な資産を持つ「プルトクラート」のような個人は，本来国に納めるべき税金を払わないで済むように，タックス・ヘイブンを利用して租税回避をすることが可能である．このような個人は租税回避のためオフショア経済圏を一時的に居住地としながらも移動し続けるため，永続的旅行者 (Permanent Tourists) と呼ばれており，まさにバウマンの言う「旅行者」のイメージにも合致するものであると言える (Chavagneux and Palan 2006＝2007: 90)．可動性を持つ主体は移動によって納税から逃れることができるが，その結果減った税収を埋めるのは可動性を持たざるもの，低所得者や中所得者であり，彼らへの負担が増加することは想像するに容易い．

　しかし，「下層」にいるものは，みながローカルな土地から動かない，動けないのではなく，グローバルな「上層」対ローカルな「下層」という単純な構造があるのではない．「下層」にいるものであるからこそ，移動しなければ生きられない事態も考えうる．バウマンは「旅行者」を描くと同時に，「放浪者」も描き出している (Bauman 1999＝2010: 131)．放浪者は「非自発的な旅行者」であり，旅行者は好きな場所に好きなように移動できるのに対して，「放浪者」は彼らの手が届く世界が我慢できないほど不愉快であり，移動するほかに選択肢がないため移動するのである (Bauman 1999＝2010: 130–131)．こうした放浪者は旅行者のように自由に移動先を決定することはできないため，移動先の国家において粗悪な環境下の労働や生活を強いられ，搾取されることもあることも考えられる．しかし，それでも彼らは「よりよい生活」を求めて移動する．例えばこの日本においても外国人技能実習生制度のような制度下で外国人労働者を自らの市場の外部として位置づけ，搾取してきたという事実がある．貧困問題は日本国民の中だけにあるのではなく，こうしたグローバルな文脈の中で生み出された周縁的な存在としての外国人労働者の中にもあるのである．このようにグローバルな可動性は，それを持つもの，持たざるもの，そして持たないけれども移動せざるをえないものの間に大きな分断を生んでいるのである．

　ただ，コスポリタニズムをエリートの知的特権と見なすのではなく，こうした「放浪者」たちのものとして考えることができないか，という試みが新しいコスモポリタニズムではなされてきた．前述したように，中心ではなく辺境，

エリートではなくマイノリティと接続して考えることが志向されてきたのである．ド・スーザ・サントスとロドリゲス・グラヴィトが主張するように，コスモポリタニズムを単に新たなグローバルなヘゲモニーとして切り捨てるのではなく，ローカルな不寛容や差別の犠牲になっていて，国境を越えた寛容やサポートを求めている，コスモポリタニズムを必要とする人々のためのものとして，コスモポリタニズムを考えること重要だとされてきた（de Sousa Santos and Rodríguez-Garavito 2005）．

4-2. 「根のあるコスモポリタニズム」へ

「根なし草的なコスモポリタン」というイメージは，コスモポリタニズムを現実社会，現実生活とは隔絶したもの，歓迎すべきではないもの，エリートの知的特権として維持してきた．その一方で，実は「新しいコスモポリタニズム」では，単なる抽象的な規範としてコスモポリタニズムを称揚せずに，「いかにローカルな帰属とコスモポリタンな倫理を接続して考えるか」や，「具体的な現実からいかにコスモポリタニズムを考えるか」といったことが課題として重視されてきた（Kendall et al. 2009）．ローカルな帰属／愛着の重要性を認識した上で，「根のない（rootless）」ものではなく，「根のある（rooted）」ものとしてコスモポリタニズムを検討することに力点が置かれてきた[10]．

ユーロセントリズム批判という文脈もあり，コスモポリタニズムを批判的に再考する中で，「上から」一つのビジョンを押し付けるのではなく，「下から」具体的な空間から考えるという動きが拡大していったのは必然であったと言える．現代的な文脈においてコスモポリタニズムを再構成する上では，コスモポリタニズムを非現実的な空想でも，独善的な普遍主義でもない形で考えることが避けて通れない課題としてあったのであり，ヨーロッパに限らず様々な具体的空間から考えるという方向性はそれに対する一つの解答となったのだ．例えば，チャーとロビンスは，「実在する複数のコスモポリタニズム（actually existing cosmopolitanisms）」に着目する必要性を提起している[11]．

コスモポリタニズムは単なる抽象的な理想ではなく，様々な実践や場所，生活のなかで，社会的にすでに形づくられ／形づくられ続けている思考や

感情の傾向として考えられる．それらは，社会的・地理的に状況づけられているために限られたものと言えるが，同時にそれゆえに力を持ちうるのだ．(Cheah and Robbins eds. 1998：2)

　具体的な場所に根付いた複数のコスモポリタニズムについて考えるということ，それ自体がグローバル化時代のコスモポリタニズムの新たな可能性を拓いてきたと言える．コスモポリタニズムはその主張する道徳性——すべての人間が等しく道徳的価値を持つという考え——ゆえに，社会的状況やコンテクストから切り離した，抽象的なアプローチをとることが多かった．ブルース・ロビンスが論じるように，コスモポリタニズムの擁護者たちは，コスモポリタニズムの持つ批判性の鋭さや一種の特権を維持するために，具体的場所に位置づけて論じないことを義務のように感じていたのかもしれない (Robbins 1998：2)．しかしながら，前述したように，むしろ，現代的なコスモポリタニズムの議論では，「いかにローカルな帰属とコスモポリタンな倫理を接続して考えるか」や，「具体的な現実からいかにコスモポリタニズムを考えるか」といったことが課題として重視されてきた．ギャヴィン・ケンドールらは，「もし特定の社会的空間と接続することができないのなら，コスモポリタニズムという概念には有用性も，リアリティもない」と論じている (Kendall et al. 2009：35)．

5．3つのオープンネス

　「新しいコスモポリタニズム」の第四の特徴は，オープンネス (openness) である．このオープンネスはコスモポリタニズムにとって極めて重要な特徴であるとロバート・ホルトンは指摘している (Holton 2009：116)．オープンネスという言葉は多義的であり，様々な意味で言及されてきた．ここでは3つの意味のオープンネスについて論じたい．
　第一に，「新しいコスモポリタニズム」において最もよく議論されるオープンネスは，グローバルな社会を生きる人々にとって望ましい態度，「他者に対して開かれた態度」としてのオープンネスである．例えば，スカービスとウッドワードは，コスモポリタニズムに関する理解はそれぞれ異なるとしても，ほ

とんどの論者は，ローカルではない場所から来た人，もの，経験に対しての開かれた態度を望ましいと考えると論じている（Skrbis and Woodward 2007）．前述したように，「新しいコスモポリタニズム」はその論者によって議論の内容や論調は異なり，皆がグローバルな再分配や民主政を主張しているわけではない．しかし，コスモポリタニズムを論じる上で，少なくともこの「他者に対して開かれた態度」に関しては反論の余地がないものとして捉えられており，ほとんどの論者がその重要性を認めている．

　第二に，オープンネスとは世界を一つではなく，複数のものとして考えるという考え方，複数の世界への開かれた見方である．これをランフォードは，「ワールド・オープンネス」と呼ぶ（Rumford 2008: 11）．ワールド・オープンネスは，世界の複数性を肯定し，世界がたった一つの場所であるという閉鎖的な見方に抵抗する概念である．ランフォードによると，この概念はデランティの議論に由来している[12]．デランティは，コスモポリタニズムは，社会的世界を新たな文化的モデルが形づくられる開かれた地平として概念化しようとしており，自己，他者，世界が相互に開かれながら，新たな関係性をつくる場所と理解しようとした（Delanty 2006: 27; Rumford 2008: 11）．グローバリゼーションの理論家たちは，グローバリゼーションは世界を一つにするというような考えを通して，世界は一つの場所であるという強力なビジョンを無批判に提供してきた．それに対してコスモポリタニズムとは，視点の複数性を生み出し，複数の世界の可能性を考慮することに関心を持ってきた（Rumford 2008: 1）．ランフォードは，「グローバリゼーションは我々は「一つの世界」に生きていると説く一方で，コスモポリタニズムは存在する複数の世界を想像させてくれる」と言う（Rumford 2008: 15）．また，デランティは次のように論じている．

　　コスモポリタニズムは何とかして，世界に対する閉じた，または排他的な見方に抗する開かれた感覚（a sense of openness）を想起させるべきである．コスモポリタンな想像力の中核とも言えるこの志向性は，世界の開放性，もしくは世界の開示（world disclosure）に向けた志向性とも言える．この志向性は，コスモポリタンなプロセスが生まれる自己，他者，世界の相互作用の中にある．（Delanty 2009: 14）

　さらにデランティは，コスモポリタニズムとはある特定の社会的な状況でし
か生まれないものというよりも，歴史的な文脈，社会的な状況に応じて様々な
形をとりうる想像力のようなものであると論じている（Delanty 2009: 14）．メン
ディエタもまた，コスモポリタニズムは目的地そのものというよりも，方向性
を形づくるものであると言っている（Mendieta 2009）．言い換えれば，コスモポ
リタニズムは，単一の規範的なビジョンというよりも，新たな思考法や想像力，
世界の見方をもたらすものとも考えられる．

　このような考えはさらに，コスモポリタニズムは様々な定義や解釈に開かれ
ているという，3つ目の意味のオープンネスに繋がっていく．第三のオープン
ネスとは，コスモポリタンに対する複数の解釈・定義への開放性である．ポロッ
クらは次のように論じている．

　　コスモポリタニズムのその概念的な内容やプラグマティックな性格は，
　　はっきりしていないものであるだけでなく，常に明確な特定を避けるべき
　　かもしれない．なぜならコスモポリタニズムが何かをはっきりと特定する
　　ことはコスモポリタンではないためである（Pollock et al. 2000: 577）．

　「新しいコスモポリタニズム」は単一の定義を持つことを拒み，様々な定義
や解釈に開かれた概念として発展してきたのであり，論者の数だけ定義が存在
すると言っても過言ではない．論者によって意味することが異なるからこそ，
現代的なコスモポリタニズムの議論が取り組んできたことの全体像をその外部
から把握することは難しくなっている．ホルトンは，コスモポリタニズム研究
の急増は，知的，分析的カオスを生むリスクをはらんでいると指摘しているが，
実際そうなっているとも言えるかもしれない（Holton 2009: 29）．

　「新しいコスモポリタニズム」はこの多義性ゆえに，理解がしづらくなって
いることは否定できない．しかしながら，実は同時にその多元性こそがコスモ
ポリタニズムを再構成する上で重要な要素になりうると言える．なぜならば，
一つのコスモポリタニズムのあり方しか認めないという硬直的な態度は，コス
モポリタンな専制や悪しき普遍主義に転じさせることになりかねないためであ
る．また同時に，世界のどこかにたった一つの，抽象的なコスモポリタンなコ
ミュニティがあり，それに基づき一つのコスモポリタニズムが成り立つという

わけでもない．様々な場所，文脈に応じて，複数のコスモポリタニズム（cosmopoli-
tanisms）が考えられうるのであり，コスモポリタニズムを多元的なものとして
考える必要がある．

6．「新しいコスモポリタニズム」の理論的行き詰まり

このように「新しいコスモポリタニズム」は，グローバル化の進展に呼応す
るように議論が再興し，現代的な文脈に応じて批判的に再構成されてきた．し
かし，議論が進むにつれ，ある理論的な行き詰まりに直面することになった．
前述したように，「新しいコスモポリタニズム」の盛り上がりの背景に当初あっ
たのは，グローバル化によってもたらされたかつてない社会変容や新たな問題
群に対応するための何らかの規範的な構想への希求であった．しかしながら，
コスモポリタニズム論者たちがコスモポリタニズムについて真剣に考えれば考
えるほど，規範や倫理についての議論は抑制的なものと化していき，次第にた
だの文化的混淆状態や多様性を記述する言葉となっていったのである．この窮
状を認識するコスモポリタニズム研究者としてデランティは，近年の社会科学
におけるコスモポリタン理論は，コスモポリタニズムをただのトランスナショ
ナルな空間や文化的多様性とする傾向があると指摘している（Delanty 2009: 16）.
なぜ，コスモポリタニズムは多様性やトランスナショナルな空間をただ記述
する言葉となってしまったのか．ありうる一つの解答は，「新しいコスモポリ
タニズム」において展開されてきた，ユーロセントリズム批判，そしてそこか
ら生じた自己批判（self-criticism）という姿勢の存在である．「新しいコスモポリ
タニズム」では，コスモポリタニズムがその発展の歴史の中で内在化してきた
ユーロセントリズムを問題化し，克服しようという試みがなされてきた．メン
ディエタが論じるように，コスモポリタニズムを論じる上で，その歴史的な文
脈に対して反省的でなければ，傲慢で専制的な，「帝国的コスモポリタニズム」
になると考えられるようになったのだ（Mendieta 2009: 254）．それゆえ，「新し
いコスモポリタニズム」論者たちは，反省的かつ自己批判的に議論を展開する
よう努め，ユーロセントリックなコスモポリタニズムを批判し，コスモポリタ
ニズムをより適切な形で考える道を探っていった．ロバート・スペンサーは，

コスモポリタンな徳の一つとして自己批判を挙げ，次のように説明している[13].

> コスモポリタニズムとはただの西欧の権力のためのカモフラージュではないかと聞かれたら，私は常にこう答える．それに対して自己批判的であり過ぎるということはないし，その自己省察の過程に尽力し過ぎることもない．そして，コスモポリタニズムはプロセスであって，完成されたビジョンではないということについて意識し過ぎるということもない．スコット・マルコムソンが謙虚なコスモポリタニズム（cosmopolitanism of humility）と呼んだものが必要とされている（Malcomson 1998: 236）．私は，連帯，コミュニティ，民主政，人権に関するコスモポリタニズムについて支持することを恐れるべきだと考えているのではない．……それゆえコスモポリタニズムは，少なくとも熱心な提唱と同量の自己批判を必要とするのだ．
> （Spencer 2011: 13）

このような見方をしているのはスペンサーだけではない．メンディエタもまた，コスモポリタニズムは，偏見に対する自己批判だけでなく，論者の持つ認識論的な立場を明らかにすること伴わなければならないと論じている（Mendieta 2009: 250）．

また，スペンサーは同時に，コスモポリタニズムをについて論じる上で我々が直面する2つの危険についても指摘している（Spencer 2011: 14）．第一の危険は，ある考えを「コスモポリタン」な目的にかなうと見誤り，押し付けることであり，第二の危険は，第一の危険を恐れるあまり，コスモポリタニズムというゴールを完全に放棄し，現状に甘んじてしまうことである．「新しいコスモポリタニズム」ではまさに，この第一の危険を警戒するあまり，第二の危険が現実化してしまっていると言える．確かに，コスモポリタニズムが歴史的な特性やそれが専制に転じる可能性について考慮しながら，規範や倫理について検討するのは困難である．しかしながら，それ自体を放棄してはならないのではないか．カルフーンは次のように指摘している．

> 私たちはコスモポリタニズムを放棄するのではなく，私たちがすでにやっているように，自己批判的であるという選択肢を持っている．なぜならば，

コスモポリタニズムなしで効果的な活動はできないためである．コスモポリタニズムを，すべての人間が同じ価値を持つという考えや，──少なくとも潜在的には──文化的・社会的多様性を尊重するといったいくつかの重要な考えを掲げているため，放棄するべきではないのだ（Calhoun 2003a：546）．

　本書は，このようなカルフーンの主張に賛同する．コスモポリタニズムの持つ問題性について注意深く検討し，その歴史的コンテクストや筆者自身の立場性に対して反省的かつ自己批判的であるように努めながらも，よりよい共生のための普遍的な規範について考えていくことで，この理論的行き詰まりを打破することを目指す．

結　　び

　本章では，「新しいコスモポリタニズム」を古典的なコスモポリタニズムと比較し，「新しいコスモポリタニズム」の何が「新しい」のか，その特徴を明らかにしてきた．その特徴とは，ローカル／コスモポリタン二分法批判，ユーロセントリズム批判，「根」を考えること，３つのオープンネスである．これらの特徴を通して，「新しいコスモポリタニズム」とは単なる焼き直しではなく，現代的な文脈に基づいて批判的／反省的に再考されてきた．現代的なコスモポリタニズムの議論は，グローバル化の進展によって一定のリアリティを獲得したと言えるが，その内在するコンテクスト──例えばユーロセントリズム──によって，慎重な修正，批判的な再構成を余儀なくされてきたのである．

　その慎重な再構成において「新しいコスモポリタニズム」は，自己批判という姿勢を強く内面化することになり，その結果として次第にその規範性を欠落させていった．リバイバルの当初はグローバル化時代の規範的ビジョンとして注目を浴びたはずが，いつの間にかただ多様性を記述する概念と化しつつあるのである．こうした行き詰まりを認識し，克服するため，規範性に対して注意深く向きあう必要がある．歴史や差異を前提としながらも，差別や排除に抗し，よりよい共生を実現するための規範について注意深く考える必要がある．

　本書では，こうした行き詰まりを体現するものとして，ベックのコスモポリタニズム理論を取り上げ，第３章で規範性を論じる重要性を明らかにする．その上で終章では，普遍的な規範としての反省的な自己変容について論じる．

注

1）國方栄二によれば，現代の学者の多くは，ディオゲネスにコスモポリタニズムを帰すことには否定的であり，それはいわゆるアナーキズムと言うべきもの，せいぜい消極的コスモポリタニズムに過ぎないと考えている（國方 2009: 65-66）．高田明宜によると，ディオゲネスの世界市民志向の背景にあったのは，都市国家に対しての疑念であった．当時のポリスと呼ばれる都市国家は実質的に変質し，個人を統制する力を失っていたと考えられている（高田 2007: 288-291）．

2）彼らの主張は次の５点である．第一に，人間の間に障壁を立てるものを認めるべきではないということ，第二に，人間性はいかなる場所でも認められるべきということ，第三に，単なる統治形態や世俗的権力に最大の忠誠を誓うべきではないということ，第四に，道徳的共同体に最大の忠誠を誓い，また尊敬すべきということ，第五に，あらゆる人間に備わる理性と道徳的選択能力の尊厳に等しい敬意を払うべきということの５点である（高田 2007: 289）．

3）岩脇リーベル豊美によれば，カントのこの構想で前提とされているのは，国民国家という境界であり，「外国人の他国の土地に踏み入る権利」としての相互的訪問権は国家間の境界を消滅させるのではなく，その存在を前提としているという．彼は主権国家の存在を否定せず，一つの世界共和国という積極的理念ではなく，戦争を防止し，持続しながら絶えず拡大する連合という消極的な代替物のみが，法を嫌う好戦的な傾向の流れを阻止できると考えたのである（岩脇 2009）．また，カントは，この歓待を受ける権利を得られるのは，あくまで一時的な訪問者（temporary sojourn）のみであり，長期滞在者（permanent visitor）のものではないと論じる．これをジャック・デリダは批判しており，カントの歓待は条件的なものであり，無条件かつ純粋な歓待が必要であると論じている（Derrida 2000）．

4）ホルトンはそうした膨大なコスモポリタニズムのリストをまとめている（Holton 2009: 212-219）．

5）チャールズ・レマートらが論じるように，グローバル化に関する単一の定義は存在せず，多義的な概念である．例えば，グローバル化は西欧化やアメリカ化を表す一方で，クレオール化や文化のハイブリッド化も表す（Lemert et al. 2010）．グローバル化に関する定義のリストは，Lemert et al.（2010: XXIII）を参照されたい．また，本書では

グローバリゼーションを分析的な概念として捉え，我々の生活が様々な側面において
——経済，社会，文化，技術など——世界的な相互依存を深化させていくプロセスと定
義する．

6）ジャジールは，「アポロの眼差し」のような惑星的・地理的想像力に抗するために，
ガヤトリ・スピヴァクの惑星思考（planetarity）が必要であると論じる．アポロ的な普
遍性とは異なり，スピヴァクが考える惑星思考は，不確実性の領域に属し，「来るべき
もの（the to-come）」として考えられ，他性を尊重するものである（Jazeel 2011：88；
Spivak 2003＝2004：73）．この惑星思考の背景には，スピヴァクの地球（globe）は惑
星（planet）によって上書きされるべきという考えがある．地球（globe）は，同一の為
替システムを押し付け，均質化の暴力によって他性を消し去るグローバルの化の根幹と
なってきたため，惑星（planet）で上書きされるべきとスピヴァクは考えた（Spivak 2003
＝2004）．しかし，巽孝之によると，スピヴァクはのちにこの惑星思考概念への検討を
断念しているという（巽 2013）．

7）『朝日新聞』1999年10月29日夕刊，「「心の国際化」とナショナリズム」

8）『朝日新聞』1987年10月13日朝刊，「ノーベル賞の利根川教授，欧米で花開いた才能」

9）ウルフ・ハナーツは，エリート主義的なコスモポリタニズムに由来する２つの好まし
くない解釈を指摘している．第一に，コスモポリタニズムは普通の人々にとって新たな
重荷を創り出すものであり，それは「下から」はアクセスできない新たな支配の形態を
生み出すものであるという解釈．そして第二に，コスモポリタニズムは，責任や負担を
共有するのではなく，エリートが責任を逃れ，ナショナル／ローカルなコンテクストか
ら逃亡することを助けるものであるという解釈である（Hannerz 2004：83）．

10）「根のあるコスモポリタニズム」は主に２つの方向性で考えられる．第一には，コス
モポリタニズムとナショナリズムを両立させようとする立場であり，コスモポリタン・
ナショナリズムやナショナル・コスモポリタニズムといったものが提唱されている
（Beck 2004＝2006；Eckersley 2007；Ypi 2008）．第二の方向性は，ユーロセントリッ
クなエリート主義的コスモポリタニズムへのオルタナティブとしてコスモポリタニズム
を考えようという立場であり，「労働者階級のコスモポリタニズム（working-class cos-
mopolitanism）」やヴァナキュラー・コスモポリタニズムといったものが考えられてい
る（Bhabha 2004；Werbner 1999）．

11）状況やコンテクストに応じた複数のコスモポリタニズムを考えようとする動きは，複
数のフェミニズム（feminisms）と重なりあう部分があると言える．複数のフェミニズ
ムでは，単一のフェミニズムの排他性を問題化し，複数のフェミニズムが存在するとい
うことを認識する必要が論じられてきた．複数のフェミニズムは差異や多様性を包摂し，
様々なネイション，人種，階級，エスニシティ，セクシュアリティとの関連で論じられ

てきた（Crosby 1992).

12) ランフォードは，デランティによる一連の研究を「コスモポリタンな社会科学を発展
　　させた最も成功した試みの一つ」であると称し，デランティのワールド・オープンネス
　　は，彼の「批判的コスモポリタニズム」の中でも非常に重要な概念であると考えている
　　（Rumford 2008: 11-12).

13) スペンサーは3つのコスモポリタンな徳について論じている．1つ目は謙虚さ(humil-
　　ity)，2つ目は自己批判（self-criticism)，3つ目は何をコスモポリタンとするか，そし
　　て何がコスモポリタンなものにとって必要かに関する民主的な議論である（Spencer
　　2011: 13). スペンサーは，コスモポリタニズムを「人道主義によって飾り立てられた
　　偏狭な見方」にしないためにも，この3つの徳が重要であると考えている(Spencer 2011:
　　14).

第2章　ベックのコスモポリタニズムとは何か

1. 政治的ビジョンとしてのコスモポリタン現実主義
──「コスモポリタン現実政治」──

1-1.「コスモポリタン宣言」とコスモポリタン現実主義

　ベックが1998年に発表した,「コスモポリタン宣言 (The Cosmopolitan Mani-festo)」という論文は,「新しいコスモポリタニズム」黎明期の重要な論文の一つだと言える. 言うまでもなくこのタイトルは「共産党宣言 (The Communist Manifesto)」を意識したもので, この論文の中でベックは, コスモポリタンな世界政治をつくるべく団結しなければならないと訴えている.

> 新しい千年紀の始まりにあたる今, コスモポリタン・マニフェストが求められている. 共産党宣言は, 階級闘争についてであった. コスモポリタン宣言は, トランスナショナル, ナショナルな対立, そして開かれ, つくられるべき対話についてである. 何についてグローバルな対話を行うのか, コスモポリタンな社会の構造目標, 価値について, そしてグローバル化の時代において民主主義は可能なのかについてである. (Beck 1998: 28)

　ベックは, 共産主義と新自由主義に代わる大きな構想が必要であり, その構想とはコスモポリタニズムだと考えた (Beck 2002a: 20-21). ベックはコスモポリタニズムをユートピアンな構想や規範的な理念としてではなく, 新自由主義に代わる現実的なオルタナティブとして提示した. 後にこうした政治的ビジョンとしてのコスモポリタニズムをベックはコスモポリタン現実主義 (cosmopolitan realism) と呼んでいる[1]. ベックが2000年代につくりだしたコスモポリタニズムの関連する新たな概念の中でも重要なものが, このコスモポリタン現実主

義である.

1-2. コスモポリタン現実主義とは

ベックは2000年代にコスモポリタン現実主義に関する三部作，2005年の *Power in the Global Age*（2002b＝2008），2006年に *Cosmopolitan Vision*，そして2007年に比較政治の研究者であるエドガー・グランデと共著した *Cosmopolitan Europe* を刊行している．コスモポリタン現実主義に関する定義は著作によって少し異なっているものの，主に2つのプロジェクト——リサーチ・アジェンダと政治的構想——を掲げるものである．コスモポリタン現実主義の背景としてあるのは，ナショナリズム批判である．ベックは，ナショナリズムは失効し，コスモポリタニズムこそが現実的になっていると一貫して主張してきたが，そのナショナリズム批判は方法論的批判と政治的批判に大別できる．この方法論的ナショナリズムに対応するものとして提示されたのがリサーチ・アジェンダとしての方法論的コスモポリタニズムであり，政治的なナショナリズムに対抗する政治的構想として提案されたのがコスモポリタン現実政治(cosmopolitan realpolitik) である．

　このリサーチ・アジェンダと政治的構想，どちらに重きが置かれるかは，本の主題にもよっている．*Power in the Global Age* と *Cosmopolitan Europe* は国際政治を主題としているため，コスモポリタニズムを現実的な政治戦略として描き出している．*Cosmopolitan Europe* での定義はベック（Beck 2004＝2006）や他の論文での定義とは異なっている．ベックとグランデは，コスモポリタン現実主義とは，国家（ここでは主に EU 加盟国を指す）が，それぞれのナショナルな利益を現実的に追求するための政治的な戦略として描かれている．ただ，ここではそれぞれの国が自国のことだけを考えるわけではなく，同時に他の加盟国やコミュニティ全体の利益について考えることも期待されているため，コスモポリタン現実主義は自国の利益のみならず，EU というコミュニティの利益も最大化することができると考えられている (Beck and Grande 2007: 144)．ベックとグランデは，コスモポリタン現実主義を EU の歴史と関連付けて論じている．かつて EC/EU 加盟国は，理想主義的な理由ではなく，自国の国益のためという現実的な理由から一部の主権を放棄した．「彼らは純粋に現実主義的な動機

から行動したのだ」と論じている（Beck and Grande 2007：20）[2]．換言すれば，EU
とは理想主義的な情熱から生まれたというよりも，理性的な損得勘定の結果と
して考えられると言う．それと同様に，コスモポリタン現実主義も，それぞれ
の国益を犠牲にすることや崇高な理想を何よりも優先することを求めたりはし
ないとベックとグランデは論じるのである（Beck and Grande 2010：436）．

　この政治的ビジョンとしてのコスモポリタン現実主義はしばしばコスモポリ
タン現実政治（realpolitik）と言い換えられる（Beck 2009, 2010；Beck and Grande 2010；
Beck and Levy 2013）．現実政治としてのコスモポリタン現実主義は，政治的プ
ラグマティズムとして考えることができる．ベックとグランデは，彼らが提唱
するコスモポリタン現実政治は，同じく政治的なコスモポリタニズム提唱者と
して知られるデイビッド・ヘルドやダニエル・アーキブージが論じるような，
規範的／哲学的コスモポリタニズム，理想主義的でユートピアンなコスモポリ
タニズムとは異なると主張している（Beck and Grande 2010：436）．彼らが提示す
るコスモポリタンな民主主義といったアイデアとは異なり，コスモポリタン現
実主義は共有された理念やアイデンティティよりも，権力や利害に焦点を置い
ているためである（Beck and Grande 2010：436）．ベックは，ナショナルな利益は
ナショナルに追求すべきだとする「ナショナルな現実政治（national realpolitik）」
はもはや現実的ではなくなっていると主張する（Beck 2006）．コスモポリタン
な現実政治（cosmopolitan realpolitik）こそが重要であり，「我々の政治は，それ
がコスモポリタンなものになればなるほど，よりナショナルに成功したものに
なる」とベックは考えるのである（Beck 2002＝2010：52-55，2004＝2006：173）．

2．なぜコスモポリタン現実政治なのか
——その背景——

2-1．ブレトンウッズの妥協から「黄金の拘束服」へ
　しかし，そもそもなぜナショナルな現実政治はもはや現実的ではなくなって
おり，コスモポリタンな現実政治が現実的になっていると論じられたのだろう
か．その主張の正当性について検討するために，この節では一旦ベックから離
れて，経済的なグローバル化の渦の中で国家の政策運営がどのような影響を受

け，その権力のあり方や役割，機能をどのように変化させてきたのかについて，同時期の日本や英語圏での議論を振り返ってみたい．

　まず，国家の政策決定をめぐる環境を考える上で一つの歴史的な分岐点になると指摘されることが多いのが，ブレトンウッズ体制である．第二次世界大戦末期の1944年7月に締結されたブレトンウッズ協定では，国境を越えた資本の移動は制限されていたため，各国家は政策を自国の裁量によって決定することができていた．ブレトンウッズ体制の本質は，貿易に関する国境での制限をいくつか廃止し，貿易相手国を差別しなければ，あとのことは各国の裁量に一任されていた．国際金融の分野では資本移動に対する規制を維持することができ，貿易の分野では数量規制は難色を示されていたものの，輸入関税は認められており，国内経済の安定のための諸策を講じる余裕が確保されていたのである (Rodrik 2000 = 2004: 402–403, 2011)．ブレトンウッズ体制崩壊後，国家はグローバル経済の波に飲み込まれていくことになったと考えられる．例えば，ダニ・ロドリックはこのブレトンウッズ体制においては，貿易自由化を促進させる一方，各国政府が国内の政策課題を実施するための余地を与えるという「妥協」があったため，「節度のある」グローバリゼーションが実現されていたと評価している (Rodrik 2011)．これに類似した議論として，ジョン・ラギーの「埋め込まれたリベラリズム（embedded liberalism）」を挙げることができる．ラギーも，ブレトンウッズ体制下においては国際経済秩序の安定と国内における経済成長と雇用の確保が両立されていたことを指摘し，一定の評価を与えている (Ruggie 1982)．[3]

　ラギーやロドリックが評価するブレトンウッズ体制下での経済的・政治的安定は，1970年代半ば以降の金融市場の自由化及び新自由主義的改革の伝播によって，大きく変化を遂げることになる．その変化を端的に言い表せば，経済的グローバリゼーションの進展によって経済のグローバルな統合が急速に進み，国家は自律的に政策の優先順位を決めることが困難となっていったのである．このグローバルに統合された経済と国家との関係をロドリックは「黄金の拘束服」と呼んでいる．「黄金の拘束服」とは，もとはトーマス・フリードマンの概念であり，彼の定義によれば，個々の国家がグローバルな市場に対して魅力的であろうとして，絶えず経済制度を合理化しなければならないという圧力を加えるものとされている (Friedman 1999 = 2000: 142)．「黄金の拘束服」は[4]

「正しく」身につけることができれば，例えば途上国はたちどころに先進諸国に追いつくことも可能となるが，仮にこれを捨てれば競争において落ちこぼれてしまうのであり，この他の選択肢はないと考えられている．

2-2.　グローバルな権力構造における国家

　グローバル化の中での国家の変容を捉える上で，留意すべきことが2点ある．第一に，グローバルな構造の中で「小さな政府」へ移行していく傾向があったとしても，「強い国家」としての機能は強化されているということである．サスキア・サッセンが指摘するように，経済的グローバリゼーションは国民国家の多くの機能を弱体化させた場合であっても，ある種の機能，特に財務省のような国際銀行機能と結びついた要素を強化しているという側面を認識する必要がある (Sassen 1996＝1999: 33)．また，若森章孝も指摘するように，グローバル経済体制の中で自国の競争力強化を考慮する場合は，国内的には競争的な経済秩序を構築するために新自由主義的な法的介入を行うことも厭わないのであり，ある部分では強い権力を行使するようになっているのである (若森 2013: 86)．

　国家とグローバル市場経済の間の緊張関係を認めることは，「国民国家の終焉」を意味しない．方法論的コスモポリタニズムの重要性を主張するベックも，後述する「ハイパーグローバル論者」の主張するような，「グローバリズムによって国民国家が終焉する」という議論を否定しており，ナショナルなレベルでの活動は依然として重要であるとしている (Beck 2006)．ホルトンはこのような点をベックの「方法論的コスモポリタニズム」(次節で詳述) の一つの特色としている．ベックの議論のポイントは国民国家もナショナリズムも消滅するのではないが，それらのナショナルな要素はもはや統治のための核となる制度を独占するものではなく，たくさんのアクターの中の一つになったということにあるのである (Holton 2009: 106)．ベック自身が「コスモポリタニズムの議論において国民国家への言及は引き続き行われるが，国民国家はラディカルに異なった地平に置かれ，分析されることになる」(Beck 2006: 33) と指摘するように，「方法論的コスモポリタニズム」では国民国家の視点が無視されるわけではない．国民国家を国民国家の視点から見るだけでなく，コスモポリタンな文脈に国民国家を置いて，それがいかに変容しているのか捉え直すことが重視さ

52

れている.

　そして，第二に言及すべきなのは，国家間の競争の中で，一つの普遍的な新
自由主義的な体制へ収斂していくわけではないということである．アイファ・
オングも指摘するように，一つの特定の実態としての新自由主義があるのでは
なく，各国家，地域に特有の形で新自由主義的な統治が展開されていると言え
る（Ong 2006＝2013）．確かに，それぞれの国家，地域が持つ文脈を無視してこ
の問題を考えることはできない．しかしながら，なぜ各国家がそれぞれの形態
で新自由主義的な介入を実施するのかと言えば，国家とグローバルな資本との
間に緊張関係が存在するためであり，その関係，構造から逃れられる国家は存
在しない．国家の政策決定を考察する上で国家と資本の関係性を等閑に付すこ
とは不可能であり，グローバルな資本に最適な環境を提供するために国家間で
競争が行われているという構造を問題化する必要がある．国家ごとに異なる「黄
金の拘束服」のカスタマイズの方法があったとしても，それを押し付ける構造
そのものは国家を超えて共有されているのである．

　ロドリックは，フリードマンは「黄金の拘束服」をすでに確立された現実と
して過剰評価していると指摘しながらも，グローバルに統合された経済と国家
政治の間には根本的な緊張関係が存在し，経済のグローバル化は政治の縮小を
要求し，テクノクラートに大衆からの政治的要求に対応しないように指示して
いるとして，フリードマンのアイデアの中心的洞察は有効であるとしている
（Rodrik 2011＝2014: 223）．ロドリックが認めるように，国家とグローバル経済の
間には一種の緊張関係があり，グローバルな資本の活動を阻害しないような政
策実施への圧力が構造的に構築されていると言える．このような国家像はヨア
ヒム・ヒルシュの「国民的競争国家」としても理解でき，資本の「立地」とし
て魅力的になるべく，自由民主主義システムを蔑ろにしながらあらゆる資源を
動員し，新自由主義的規制緩和や自由化を行うような国家間の競争が生じてい
るのである（Hirsch 1995＝1998）．つまり，あらゆる国家はグローバル資本の動向
に注視しながら国家間の競争を行うことを構造的に強いられているのである[5]．

2-3．国家間競争とトランスナショナル・プライベート・パワーの台頭

　こうしたグローバルな権力構造下の国家間競争は具体的にはどう考えられる

のであろうか．その一例として考えられるのは，租税競争，「底辺への競争」である．租税競争とは，大島孝介によれば，企業や資本といった移動可能な課税ベースを，税制を使って自地域に呼び込もうとする，または税収を確保しようとする国や地方などの政府間の競争のことである（大島 2011：1）．グローバリゼーションによって資本が国境を越えて移動することが容易となった今日では，国家は資本を自国から他国に流出させないようにするため，逆に他国からは自国へ資本を呼び込もうとするため，法人所得や資本所得への課税を低下させる可能性がある[6]．

　グローバル資本への優遇措置を国家が競って行い，租税競争が激化した場合に生ずる最悪の事態とされているのが「底辺への競争」である．「底辺への競争」とは，国家が減税，労働基準の緩和などを競って行うことによって，労働環境や社会福祉が最低基準に向かうことであるが，新川敏光（2003）や松田由加（2010）などが指摘するように，実際に世界的にこれが生じていると見なすことは難しい[7]．松田によれば，OECD 平均では，1980年代以降所得税は若干減少しているものの，法人税，社会保障負担，財産税，消費課税などはわずかながら増加傾向にあり，「底辺への競争」というほどの状況が現実のものとはなっていないことが分かる．しかしながら同時に，日本においては税負担が法人所得と資本所得から，消費や労働へと移行されており，「底辺への競争」が他国よりもより現実化しつつあることも松田は指摘している．1990年代以降，相対的にグローバルに移動しやすい所得税と法人税はバブル期を除いて減少しており，相対的に移動しにくい社会保障負担と消費課税は増加傾向にある（松田 2010：113-114）．2014年 4 月に消費課税が 8 ％となった一方で，2013年度で復興特別法人税が廃止され，2015年度の法人税の実効税率引き下げに向けて検討が加速していることが記憶に新しいように，日本においてはそうした傾向が強化されつつあると言える．

　なぜこのように国家に対して経済的主体が優越して，国家を競争へ駆り立てることができるのか．現在のグローバルな構造を形づくってきた資本の持つパワーの源泉をどう考えればよいのか．この背景にあるのは，経済的主体が国境を越えたグローバルな可動性を獲得することで，かつてない権力を手にしているという事実である．杉浦章介は，トランスナショナル企業による国境を越え

た工程間分業の進展，いわゆるフラグメンテーションの展開がここまで盛んになった要因として，モジュール化の進展を挙げている．モジュール化によって生産可能な空間的な制約条件が減少したことで，企業活動の立地選択は生産モジュール単位ごとに可能になり，それによって国境を越えた強力な交渉能力と統治能力，つまりトランスナショナル・プライベート・パワーを手にすることになったと説明している（杉浦 2014）．生産拠点の選択における空間的，地理的な制約が大幅に減少し，グローバルな規模で最適な立地選択ができるようになったことで，国家とっては，いかに企業を呼び込むか，または企業に逃げられないようにいかに引き留めるかということが大きな課題として課されるようになっている．

　このグローバルな可動性を源泉とした新たなパワーが，グローバルな資本に対して国家が従属する関係を生み出し，新たな権力構造をつくりだしてきた．武川正吾が指摘するように，超国家化した資本は，国家に資本の海外逃避を意識させながら，税負担の削減や規制の撤廃といった資本の自由な活動のために必要な条件を確保するように圧力を加えている[8]（武川 2007：82）．このような行動を可能にしているのは，政治がナショナルなレベルに留まっているのに対して，資本は自らにとって条件のよい最適な場所に移動することができる可動性を有しているためなのである．

2–4．「ナショナリティの罠」と「黄金の手錠」

　さて，ベックの議論に戻ろう．ベックはこうしたグローバルな資本の国家に対する優越を問題化している．投資をやめる，資本を引き揚げるということは，国内政治と社会の生命線である雇用の場と税金を同時に取り上げるということ意味するとベックは指摘する．これは国家の基盤を損ないかねず，国家にとってインパクトの大きいものである．ベックは，資本を引き揚げるという圧力によって国家に優遇措置をとらせることを，資本の持つ「出口権力戦略」と呼ぶ（Beck 2002b＝2008：175–177）．グローバルな可動性を持つ経済的主体は，対象とする国や地域が提供する投資条件や税制が都合のよいものでなければ，別の場所に資本を移転することができる．そうしたグローバルな資本の動向に国家は翻弄されざるをえないのであり，そのパワーは決して無視できない非常に強大

なものになっていることがここに窺える.

　こうした環境の中では,「黄金の拘束服」を進んで着用し, ネオリベラルな国家になることこそが現実的な選択であると考えられるかもしれない. しかし, それは誤りであり, コスモポリタン現実政治こそが解答だとベックは主張する.

　　　しかし, この戦略〔国家による新自由主義化〕は, その現実的・道義的自己理解に反して, 重大な欠陥を根底に含んでいる. 世界市場の競争に適応しなければならないという国家の必然性が, 仮定された「世界市場法則」を先取りして実行する「政治」として, 選択の余地のないものとされているが, これはまったくの誤りである. つまり, 政治が経済学的に自らを誤解することが問題なのである. というのも, 政治と国家が, 世界経済の優越という条件下でのみ考えられ, 結果的に世界市場に忠実な同質性を展望し, 政治と政治理論の自己制限, 自己否定, それどころか自己去勢と同じものになっているからである.（Beck 2002b＝2008: 201, 2005b: 163）

　ベック（2005b, 2004＝2006）は, グローバル資本に対抗するためには, 国家をトランスナショナルなものに変容させていかなければならないと論じている. コスモポリタン現実政治の例として論じられているのが,「コスモポリタン国家（cosmopolitan state）」である（Beck 2002b, 2005b, 2006）. グローバル化の時代に, 国家がその権力を強固かつ強力なものにするためには, 国家は協調し, 国際的なルールについて交渉し, しかるべき国際機関をつくっていかなければならない, さもなくば失敗するとベックは論じる（Beck 2006: 177）. ベックは, この「協働か失敗か（cooperate or fail）」をコスモポリタンな命令（cosmopolitan imperative）と呼び, この命令を実行し, コスモポリタン現実主義, コスモポリタン現実政治を採用する他ないと主張する（Beck 2006: 177）.

　さらにベックは,「ナショナリティの罠（nationality trap）」が存在すると指摘する（Beck 2002b＝2008: 112-114, 2005b: 85-88）国家が国民国家の主権という前提に固執するのであれば, 投資をめぐる国家の争いは激化し, 国家が自らを妨害するという事態（self-obstruction）が生まれてしまう. この自己妨害は, ナショナリズムと新自由主義によって実現され, 結果として国家間の競争を煽り, 国家間の協調を妨げることに繋がる. こうしたナショナリティの罠に囚われるの

ではなく，「黄金の手錠（golden handcuff）」によって動機付けられた政治をベックは支持する．移動性の高い世界経済の権力に対して，国家の自律性を再び獲得するためには，国家を超えた依存の緊密なネットワークの創設，「金の手錠」が必要としている（Beck 2002＝2010：7-10, 2002b＝2008：3-5）．つまり，フリードマンがかつて「黄金の拘束服」と呼んでいたグローバル経済への国家の従属関係を克服するために，国家が超国家的に，コスモポリタンに連帯すること，「金の手錠」が必要となっているとベックは主張するのである．意味する内容は全く異なっているにもかかわらず，フリードマンもベックも同様に「金色の拘束するもの」という名付けを行っていることは興味深いと言える．

　グローバルな相互依存関係を深化していく中で，誰も一人勝ちはできないのであり，連立，同盟，ネットワークが鍵となり，政治的アクターによるコスモポリタンな協調こそが重要だとベックは論じる（Beck 2005b, Beck and Grande 2010：435-436）．ベックとグランデは次のように論じている．

　　ナショナルな機関だけではグローバル資本主義を規制し，新たなグローバルなリスクに対処することは不可能であるということは，当たり前になった（Beck 2009）．そして，かつて産業社会における「ケインジアン福祉国民国家」（Jessop 2002）が担っていた役割に相当するような，グローバル資本を規制しリスクに対処するという役割を果たすグローバルな政府や国際機関が存在しない．そのかわりに，我々は政治的な相互依存の新たな形に特徴付けられた方法で，経済的な規制,リスク・マネジメントやコントロールのメカニズムを創り出す,政治的機関の複雑な再構成を観察することができる．（Beck and Grande 2010：410）

　グローバル化された世界において国家が自らの問題を解決するためには，自己決定権をある程度放棄する必要があり，その国家の自己決定権の縮減と国家主権の増大とは，排除しあうものではなく，相互に強化しあい，進展を助けあうものであるとベックは考える（Beck 2002c＝2010：52-54）．グローバルな経済，市場への国家の従属関係を変革するためには，国家を越えた協力，連帯が必要なのであり，それこそが国家の自律性を高めることに繋がる．国民国家中心主義をとることは政策決定における自律性を保つために重要であるように見える

かもしれないが，グローバリゼーションが進んだ今はそのような選択を行うことは逆効果であると論じるのである．

　ベックは，国民国家はもはやグローバルなパワーゲームのたくさんのアクターの中の一つに過ぎなくなっているため，国民国家中心の視点からコスモポリタン的視点への転換が必要であると論じる．グローバルな市場経済に対して，国民国家の国境を閉ざしたり，一国的な逃げ道を構想したりするような後ろ向きの対応ではなく，トランスナショナルな政治制度の形成が不可欠であるとして，コスモポリタンなあり方こそが現実的であるとして，「コスモポリタン的現実主義」を提唱する．

　経済が世界的に統合され，相互依存する中で，この構造を問題化せず，国家が「出口権力の戦略」に屈し「黄金の拘束服」を甘んじて装着し続けていては，国家の政策決定における自律性は低下し，そして租税回避による税収減で政策実行能力も縮小する可能性がある．いかにナショナル，ローカルに対応しようとしても，グローバルな構造そのものを変革しなければ，グローバルな可動性を持つ資本に政治は翻弄され続けてしまうのであり，根本的かつ効果的な解決は決してもたらされない．どの国，地方に製造拠点，本社機能を置き，どのような雇用を生むのかを決めるのは企業であり，どこに対して投資するのか，しないのかを決めるのは投資家であり，こうした経済的主体がグローバルな可動性によって権力を有している今，ナショナルな領域に留まるばかりの政治では国家は自らの立場を弱め続ける可能性があるとベックは考えたのである．

3．リサーチ・アジェンダとしてのコスモポリタニズム
──「方法論的コスモポリタニズム」──

　こうしたトランスナショナルな政治の重要性について論じているのはベックだけではなく，新自由主義やグローバリズムへの批判が，オルタナティブな政治のあり方──例えばコスモポリタニズムやトランスナショナル・ガバナンス──についての議論に接続される例は少なくない（Archibugi 2008; Held 2010＝2011; Kurasawa 2004）．しかし，それに比して，日本においてそういった議論は決して多くない．グローバリゼーションが今日の社会に与えている影響の大き

さ，それ自体を否定する人はほぼいない一方で，分析対象がグローバリゼーションそのものではなく，個々の事象となると，その事象にグローバリゼーションがいかなる影響を与えているのかについては後景に退くこともある．例えば，武川正吾が指摘するように，日本において社会政策のあり方がグローバル化との関連で論じられることは少なかった．[10] 社会政策は国内政策であり，各国政府の国内管轄事項であると伝統的に考えられてきたのである．しかしながら，経済のグローバルな統合が進んだ今，社会政策を純粋な国内政策として考えることは困難になっているのである（武川 2007：75）．

　グローバリゼーションは国境を越えて相互依存を深化させてきた中で，あらゆるもののあり方に変容をもたらしてきた．このプロセスからは，無論国家も逃れられず，その役割は変容を余儀なくされてきた．こうした中で，国家を閉鎖的，自律的，自己完結的なものとして静態的に分析することはますます困難になっていると言える．グローバリゼーションと国家の関係は，これまでも社会科学の領野で盛んに議論されてきた．例えば，ヘルドらが整理したかつてのグローバリゼーションをめぐる論争に代表されるように，グローバリゼーションは抗うことのできない過程であり，それによって国家は虚構と化すとする「ハイパーグローバル論者」，現在のグローバル化は「幻想」であり，せいぜい「国際化」だとする「懐疑論者」，そしてその間をとるような「変容論者」といった三類型が見出されていた[11]（Dicken 1998＝2001；Held et al. 1999＝2006；Held 2000＝2002）．論争が盛んであった当時から十数年が経過したが，依然として国家は消滅していないものの，一方で国家のあり方は何も変わらないわけでもない．国家は消滅する，しないというゼロサム的な見方ではなく，グローバリゼーションが持つあらゆる社会関係のあり方を変容させるような機能に目を向ける必要がある．

　こうした発想は，ベックによる方法論的ナショナリズム批判についての議論に接続することができる．政策について論じる際の方法論的ナショナリズムの限界を認識し，グローバリゼーションが政策決定にどのような影響を与えているかについて目を向ける必要がある．中谷義和が言及するように，内封的な国家論に依拠することは，グローバル化と経済，社会がトランスナショナルに再編されていく過程の中で国家の機能がどう変容しているのかという現状を看過することになりかねない．グローバル化が経済社会関係の脱国家的・国境横断

的深化過程であるとするならば，国民国家を閉鎖的な単位として静態的に分析する方法論的ナショナリズムでは不十分である（中谷 2009: 20-22）．

　ベックはこの方法論的ナショナリズムを乗り越える上で，グローバルな布置状況を考慮に入れる「方法論的コスモポリタニズム」への転換が必要であるとしている（Beck 2006）[12]．コスモポリタン化（次節で詳述）が進展した現在，あらゆる問題はグローバルな文脈を持つのであり，そうした文脈を等閑視すれば現実を見誤ると考えられている．ベックが指摘するグローバルな文脈を持ち一つの国家では対処できない問題としてよく知られているのは，気候変動，金融危機，テロなどのリスクであるが，本書が扱うグローバルな資本と国家政治の問題も「方法論的コスモポリタニズム」によって対処すべき具体的な問題であるとされている．グローバル資本は，国家を自らに都合の良いかたちへ自己変革させる強大な力を持っているのであり，こうした資本と国家間のコンフリクトは，ナショナルな枠組みからは適切に捕捉，解決することはできないのである（Beck 2006: 83）．方法論的ナショナリズムでは国家の政策決定を取り巻くグローバルな環境を把握することはできないのであり，「方法論的コスモポリタニズム」という視座から，国家の役割，機能とグローバル化の連関を考慮する必要があるのである．

　コスモポリタン化した世界の中では，あらゆる事象はグローバルな文脈の中に組み込まれており，そうした文脈を等閑視すれば「現実」を見誤るため，コスモポリタンな転回（cosmopolitan turn），「方法論的コスモポリタニズム」（methodological cosmopolitanism）が必要であるとベックは論じる．方法論的ナショナリズムは，高度にグローバル化した――ベックの言葉で言えば「コスモポリタン化」した――世界を適切に理解することができない．方法論的ナショナリズムは，国民国家社会と社会を同一視し，国民国家と政府を社会科学の分析における主要な関心に据える（Beck and Sznaider 2006a: 3）．ベックとシュナイダーは社会学における方法論的ナショナリズムの蔓延について次のように表現する．「社会と政治，法，正義，記憶，歴史についてのナショナルな見方は社会学的想像力を支配している」のであり，「社会科学の多くは国民国家の囚われの身となっている（prisoners of nation-sate）」（Beck and Sznaider 2006a: 5）．そして，社会科学が，「時代遅れの考えの博物館（a museum of antiquated ideas）」や「ゾ

ンビ・カテゴリー（zombie categories）」になることを避けたいのであれば，現代社会における基本概念——家族，階級，社会的不平等，民主主義，権力，国家，商業，コミュニティ，正義，法，歴史，記憶，歴史など——を「方法論的ナショナリズムの足枷」から解放し，コスモポリタンな分析枠組みの中で，「方法論的コスモポリタニズム」によって再検討するべきであると主張する（Beck and Sznaider 2006a： 6 ）．

ベックは「現実的（realistic）」であるとは，「社会科学的（social scientific）」であることと同義であると考えた（Beck 2004＝2006: 48）．2000年代には前節まで論じてきたような政治的な構想としてのコスモポリタン現実主義について盛んに論じていたベックであったが，次第に，特に2010年代に入ると，このコスモポリタン現実主義とは社会科学の研究方法を指すことが主になり，コスモポリタン化と「方法論的コスモポリタニズム（methodological cosmopolitanism）」についての議論が中心になっていく．ベックとシュナイダーは次のように論じている．

> コスモポリタニズムは様々な議論がある言葉で，解釈や定義が統一されていないが，「現実的コスモポリタニズム（realistic cosmopolitanism）」か「コスモポリタン現実主義（cosmopolitan realism）」は，少なくとも 3 つの相互に関連した関心によって結びついた知的ムーブメントである．第一に，方法論的ナショナリズムへの批判の共有．第二に，21世紀はコスモポリタニズムの世紀であるという診断の共有．第三に，方法論的コスモポリタニズムが必要だという仮説の共有である（Beck and Sznaider 2006a： 2-3 ）．

4．「コスモポリタン化」

4-1．コスモポリタン化とは何か

コスモポリタン現実主義に加え，コスモポリタン化はベックのコスモポリタニズムの鍵概念であり，彼の方法的コスモポリタニズムを理解する上で非常に重要な概念である．ベックが作ったこの新しい概念は，実際に存在するコスモポリタニズムを記述するためのものである．コスモポリタン化とは，市場や国家，文化，民族間の明確な境界線が侵食され，異質な他者との衝突が世界規

模で発生している状態と定義されている．グローバル化は，抽象的な次元や外側のマクロな領域，人間の頭上のどこかで遠くで起こっていることであったのに対して，コスモポリタン化は人々の日常生活の「内側」で生じている現象であると強調されている（Beck 2008a: 794）．

　コスモポリタニズムは静的な理念，規範的な概念であるのに対して，コスモポリタン化は，プロセス志向の概念である（Beck and Levy 2013: 4）．コスモポリタン化によってベックが描き出そうとしたのは，ありふれた，強制的で，混成的なプロセスであり，それは世界のあらゆる場所で観察される．コスモポリタン化とは，潜在的コスモポリタニズム（latent cosmopolitanism），無意識のコスモポリタニズム（unconscious cosmopolitanism），受け身のコスモポリタニズム（passive cosmopolitanism）と言い換えられ，こうした現象は，グローバル化の進展，特にグローバルな貿易の拡大やグローバルなリスク──気候変動，テロリズム，金融危機といった──の共有による副次的な効果によって生まれた新たなコスモポリタンな現実である（Beck 2006: 19）．

4-2．グローバル化とコスモポリタン化

　ベックはこのコスモポリタン化とグローバル化をどう区別するのか．ベックは，グローバリゼーションはどこか外で起こっていることに対して，コスモポリタン化は抽象的なところや外のマクロな領域のどこか，頭上のどこかで起こっているのではなく，人々の日常生活の内側にあると論じている（Beck 2008a: 794）．コスモポリタン化とは，「内なる」グローバル化（internal globalization），「内側からの」グローバル化（globalization from within）なのである（Beck 2002a: 17, 2008a: 794）．さらにグローバル化は，一面的な経済的なグローバル化と同一視されることが少なくないが，コスモポリタン化は経済だけでなく，文化的や政治的側面も含んだ多面的なプロセスを表している（Beck 2006: 9）[13]．コスモポリタン化とは，グローバルに形成された相互の繋がりがもたらした，見えざる，望まざる帰結としてもたらされた根本的な社会変容なのである（Beck 2011a: 18）．コスモポリタン化というプロセスは，国境を越えた繋がりを深化させるだけでなく，国境の内側にある社会や政治の質を変容させる．

　こうした議論は，第 1 章で論じた「新しいコスモポリタニズム」の二大批判

のうちの一つ，ローカル／コスモポリタン二分法批判にあてはまる．ベックは，コスモポリタン化によって，国民国家の内側がどのように変容したか，そしてグローバル／ローカルの間の対話的な関係がどのように作られているのかについて検討する必要があると論じている（Beck and Levy 2013: 6）．コスモポリタン化とは非単線的な，弁証法的なプロセスを生みだし，その中では普遍的なものと特殊なもの，同じものと異なるもの，グローバルなものとローカルなものが，文化的な分極としてではなく，相互に繋がり，浸透しあっているとベックは考えている（Beck 2006: 72-73）．

4-3. 「どちらか（either/or）」から「どちらも（both/and）」の原理へ

コスモポリタン化は，国民国家の内部を根本的に変容させ，ナショナル／インターナショナル，ローカル／コスモポリタン，国内／国外といった境界をますます曖昧なものとしている（Beck 2006）．ベックとシュナイザーは次のように論じている（Beck and Sznaider 2006a: 6）．ナショナルなものとインターナショナルなものを明確に区別することは不可能であるだけでなく，それぞれの国家を同質的なものとして比較することも不可能だということは明らかになっている．ナショナルな空間は脱ナショナル化（denationalize）され，かつてナショナルだと思われたものももはやナショナルなものではなくなっているのである（Beck and Sznaider 2006a: 6）．

コスモポリタン化と方法論的コスモポリタニズムとはそうした二分法を斥けるものであり，二分法のような「どちらか（either/or）」の原理が失効した今，「どちらも（both/and）」の原理を採用すべきであるとベックは論じる（Beck 2006）[14]．この「どちらも」の原理の具体例として論じられるのが，コスモポリタンな愛国者であり，ベックはコスモポリタニズムとナショナリズムは両立可能であると論じている．さらにベックは，コスモポリタニズムとナショナリズムの組みあわせ，コスモポリタン・ナショナリズムこそ現実的であると主張している．

> コスモポリタン現実主義はナショナリズムを否定せず，むしろそれを前提とし，それをコスモポリタンなナショナリズムへと作り変える．差異への対処にあたり，ナショナリズムが提供する安定化要因なしでは，コスモポ

リタニズムは哲学的なおとぎ話の国の中で自らを失う危険がある (Beck 2006 : 49).

　ベックは,コスモポリタン現実主義が現実的である所以は,この「どちらも」の原理に基づくところにあると主張し,それに対して普遍主義や相対主義,ナショナリズムは「どちらか」の原理に基づいていると論じる (Beck 2006 : 57). コスモポリタン現実主義の視点から考えると,普遍主義か相対主義かという二者択一は,誤った選択肢に基づく行き詰まった議論であり,それらは「どちらも」の原理によって乗り越えられるべきなのだ (Beck 2004 = 2006 : 57). ベックは「普遍主義と相対主義とナショナリズムとエスニシズムなしに,実際に批判に耐えうる,現実的コスモポリタニズムについて想像することは不可能だ」と論じており,同時に,「普遍主義は普遍主義のままではいられず,コスモポリタン現実主義と結びつく必要がある」と論じている (Beck 2006 : 57—58). コスモポリタン現実主義は,普遍主義,相対主義,民族主義の反対としてではなく,その総和や総合として理解され,発展させられるべきだとベックは考えるのである(Beck 2004 = 2006 : 57).
　この「どちらも」の原理のもう一つの例として挙げられるのが,普遍主義と個別主義を両立させた,「文脈的普遍主義 (contextual universalism)」である. ベックによれば,普遍主義には2つの側面がある (Janus-faced). ある視点を他者に対して押し付けるという欠点がある一方で,他者の問題を自分自身の問題として真剣に考えさせることを可能とするという長所があるのだ (Beck 2006 : 54). 一方で,個別主義にまた2つの側面がある. 文化的な差異に対する敬意を形成し,普遍主義的な傲慢さに対する解毒剤となりうる反面,すべては相対的であり,共約不可能であると結論づける. コスモポリタン化の時代には,普遍主義と個別主義は二者択一の,「どちらか」というものではなく,相互依存的な組みあわせとして捉えるべきであり,普遍主義は具体的な文脈にあてはめた形で考えられなければならない,つまり文脈的普遍主義として考えられるべきだと論じる (Beck and Levy 2013).

4-4. 規範的―哲学的コスモポリタニズムと実証的―分析的コスモポリタン化

ベックはコスモポリタン化を哲学的なコスモポリタニズムと明確に区別して

いる（Beck 2011b）．哲学的なコスモポリタニズム――例えばカントやハーバーマスのコスモポリタニズム――は，能動的，意識的，自発的に選択される課題であり，明らかにエリートのもの，トップダウンであった．それに対してコスモポリタン化は，今まさに国民国家という表層の下で生じている過程，凡庸かつ強制的・混成的な現象であり，回避できない現実であるとベックは強調する（Beck 2011b : 18-19）．

　ベックはさらに，規範的―哲学的コスモポリタニズムと，実証的―分析的コスモポリタン化を区別している．換言すれば，ベックは規範的な理念としてのコスモポリタニズムと，実際に存在するコスモポリタン化（really existing cosmopolitanization）を区別するのである（Beck 2006）．規範的で哲学的なコスモポリタニズムは能動的，意識的，自発的に選択される課題であり，明らかにエリートのもの，トップダウンであった．それに対してコスモポリタン化は現在進行形のプロセスであり，我々の日常生活にすでに浸透し，そのあり方を変えているのである（Beck 2011c : 18-19）．今まさに国民国家という表層の下で生じている過程，凡庸かつ強制的・混成的な現象であり，回避できない現実であるとベックは強調するのである（Beck 2011c : 18-19）．

　現実のコスモポリタン化は，グローバルエリートたちの「陰謀」の結果としてもたらされたのではなく，グローバルに相互依存したリスクのネットワークの中で人々が活動する中で生まれた副次的効果なのである（Beck 2004 = 2006 : 48）．コスモポリタン化は，規範的な意味での「コスモポリタン」な意図を内包した運動ではなく，様々な行為や活動の予期せぬ，見えざる副次的効果を生み出す（Beck and Sznaider 2006a : 7）．言い換えれば，コスモポリタン化もまた２つの側面，２つの顔を持っている（Janus-faced）のである．コスモポリタン化はすべての人を自動的にコスモポリタンに変えるということを意味するのではなく，実際に再ナショナル化の波が世界的に見られるように，その反対もまた観察されるとベックは論じている（Beck 2010 : 179）．

4-5. ２つの顔を持つコスモポリタン化とグローバルなリスク

　このコスモポリタン化の両面性について説明する上で，ベックは金融危機や気候変動といったグローバルなリスクについて触れている（Beck 2010）．ベッ

クがかつて言った「困窮は階層的であるが，スモッグは民主的である」(Beck 1986＝1998：51) という象徴的な表現に表れているように，環境汚染や原発事故といった科学技術によってもたらされたリスクは階級とは無関係に全ての人々に降りかかるもので，一種の普遍性，平等性を持つものであると論じられてきた．そのため，リスクはグローバルな関心を形成し，グローバルな公共圏の発生を後押しし，コスモポリタンな視点をつくりだしてきたと考えられてきた(Beck 2006：23)．しかし，ベックによれば，リスクとは「純粋なアンビバレンス (pure ambivalence)」であり，リスクは潜在的なヒューマニティの認識に繋がる可能性もあるが，人類にとっての脅威にもなりうると指摘している (Beck 2010)．

　まず，グローバルなリスクは既存の不平等を拡大させる可能性がある (Beck 2010：173)．リスクを生む人々とリスクにさらされやすい人々は，しばしば空間的，時間的に離れたところに存在する．ある強力なアクターによって生み出された惨事は，将来世代だけでなく，その惨事が起きた場所から遠く離れた場所にいる人々を含めた，様々な人々に影響を与える (Beck 2010：173)．例えば，金融に関するリスクは，グローバル資本主義において強大な権力を持った多国籍企業の銀行によって外部化されるため，そうした銀行はほとんど影響を受けず，そのリスクがもたらす帰結に対して責任も果たさないのに対して，実際にその影響を被ることになるのは社会的弱者なのである．しかしながらその一方で，グローバルなリスクの共有は，グローバルな公共圏，グローバルな議論の場，グローバルな制度や体制の形成に繋がる可能性があることも指摘している (Beck 2010)．グローバルなリスクへの取り組みは，遠くの他者と向きあうことを必要とする．そうしてリスクな国境を瓦解させ，ローカルなもの／海外のものの間にある境界を揺るがし，リスクに対処するためのトランスナショナルなコミュニティや協働を生み出すのである (Beck 2010：175)．リスクはすでにある不平等を拡大させる可能性がある一方で，狭隘なナショナリズムを乗り越え，コスポリタン現実主義を発展させる機会を提供しているとベックは論じる (Beck 2010：176)．世界リスク社会において，従来のナショナリズムは，時代遅れの理想主義となっている (Beck and Levy 2013：17)．国境を越えたリスクの共有は，集合的なアイデンティティの変容と，ネイションフッドの再想像の新たな文脈をもたらしていると論じるのである (Beck and Levy 2013：23)．

結　　び

　第2章では，ベックのコスモポリタニズムの中でもコスモポリタン現実主義とコスモポリタン化を取り上げ，その特徴や意義を明らかにしてきた．まずは，ベックが政治的ビジョンとして論じたコスモポリタニズム，コスモポリタン現実政治（cosmopolitan realpolitik）」について検討してきた．ナショナルな利益はナショナルに追求すべきだとする「ナショナルな現実政治（national realpolitik）」は現実的ではなく，コスモポリタンな現実政治（cosmopolitan realpolitik）こそが重要であり，「我々の政治は，それがコスモポリタンなものになればなるほど，よりナショナルに成功したものになる」とベックは考えるのである（Beck 2002c＝2010：52-55, 2006：173）．グローバル化した世界においては，国家を超えて共有された問題に対して一国家のみでは有効な対処はできず，国民国家を超えた政治的な枠組みで対処するほかはないため，「協働か失敗か（cooperate or fail）」という「コスモポリタンな命令（cosmopolitan imperative）が発せられていると考えるのである（Beck 2006：177）．

　グローバリゼーションの進展によって国家の政策運営はグローバルな資本による影響を受けており，そうしたグローバル化時代の新たな権力構造は「方法論的ナショナリズム」では捉えきれないと同時にナショナルな政治では十分に対処できないことをベックは指摘してきた．その「方法論的ナショナリズム」を克服するためにベックが提唱するのが「方法論的コスモポリタニズム」であった．そして，この「方法論的コスモポリタニズム」提唱の根拠となるのが「コスモポリタン化」概念である．この「コスモポリタン化」はコスモポリタン現実主義と並ぶ重要概念であり，ベックのコスモポリタニズムを特徴づける概念である．「内なるグローバル化」としてのコスモポリタン化は，我々の日常生活の「内側」で生じており，国民国家の内部を根本的に変容させ，ナショナル／インターナショナル，ローカル／コスモポリタンといった境界を曖昧なものとしてきた（Beck 2006）．こうした中では，ローカリズムかコスモポリタニズムかというような「どちらか（either/or）」の原理は失効し，「どちらも（both/and）」の原理を採用すべきであり，「ローカリズム抜きのコスモポリタニズムは存在

しない」とベックは論じるのである (Beck 2002a: 19).

　そしてベックは，コスモポリタン化は現象を記述・分析する概念とし，哲学的なコスモポリタニズムとは明確に区別する．そして，このコスモポリタン化は 2 つの顔を持っている (Janus-faced) のであり，必ずしも倫理的に望ましい結果をもたらすわけではないことを強調する．例えばリスクのコスモポリタン化は，国境を越えた連帯を形成する契機になる一方で，既存の不平等を悪化させるとも言えるのである．

注

1）ベックはコスモポリタン現実主義と類似する概念として現実主義的コスモポリタニズム（realistic cosmopolitanism）という概念も提示しているが，この 2 つの言葉は基本的に同じ意味で使われており，交換可能な概念として理解できる.

2）EU の基となった ECSC（欧州石炭鉄鋼共同体）は特にそうした現実的な理由が強かったとされる．ヨーロッパ統合の経緯について詳しくは，遠藤乾 (2013) を参照されたい.

3）ロドリックはグローバリゼーションのさらなる拡大と，民主主義，国民主権の 3 つのうち 2 つしか両立しえないというトリレンマが存在すると主張していることでよく知られている.ロドリック自身はハイパーグローバリゼーションを犠牲にし，グローバリゼーションを「薄く」留め，「ブレトンウッズの妥協」を今再創造するという方向性に希望を見出している (Rodrik 2011＝2014: 237-238).

4）フリードマンはただの「拘束服」ではなく，「黄金の拘束服」という表現を使っていることからも読み取れるように，このグローバル市場経済と国民国家の関係を肯定的に見ている．なぜならば，「黄金の拘束服」は国民国家による政治を縮小させたとしても，経済的には，国家をグローバルな競争という圧力下に置くことで，貿易や海外からの投資を増加させ，民営化と資源の有効利用を促し，その結果，経済を成長させ，平均所得を増やすためである (Friedman 1999＝2000: 143).

5）このような動向がもたらす帰結について，ナンシー・フレイザーは次のように指摘している．国家フォーディズム的な福祉国家からポストフォーディズム的な競争国家に変容しつつある中，「底辺への競争」によって無数の規制緩和のプロジェクトがあおられ，社会福祉を市場に移し，家族に投げ出すかして民間に委ね，国家内の「社会的なもの」が解体されるような傾向が強まっている (Fraser 2008＝2013: 170).

6）鶴田廣巳も指摘するように，特に有力な資源や産業を持たない国，地域は積極的にグローバル資本への税制上の優遇措置をとるべく，オフショア・センターを設置したり，

タックス・ヘイブンとして立地したりしようとする傾向がある（鶴田 2001：87）．

7）経済的グローバリゼーションの進展によって，租税競争が激化し，「底辺への競争」
が生じるかどうかについては様々な立場が存在する．それらの議論を整理したものとし
て下平（2009）があり，下平好博はグローバル化懐疑説，底辺への競争説，経路依存的
調整説，頂点への競争説の4つに分類し，整理を行っている．

8）武川はこの圧力を「グローバリズムの社会政策」へ向けての再編圧力と呼んでいる（武
川 2007：82）．

9）コスモポリタン国家に加え，コスモポリタン現実政治を体現する主体として想定され
ているのはEUである．EUを中心としたコスモポリタニズムについては，Beck and
Grande（2007）を参照されたい．

10）グローバリゼーションと社会政策の関係，中でも社会政策をグローバルなものとして
論じるということは少なく，武川正吾の一連の研究（武川 2002, 2007：武川・宮本編
2012）がその中心になっているが，その他にも下平・三重野編（2009），三重野編（2001）
が挙げられる．

11）このうち，ハイパーグローバル論者はグローバリゼーションによる諸影響を歓迎すべ
きものとする「積極的グローバル論者」と，歓迎すべきではないとする「悲観的グロー
バル論者」に分けて考えられるとされている（Held 2000＝2002：27）．このグローバル
論争における三類型は当時の論争の潮流を把握するモデルとしては有用であるものの，
この類型に個々の議論を当てはめることはそれぞれのニュアンスを消し去り，矮小化し
てしまう可能性も存在することに注意する必要がある．

12）デランティによれば，コスモポリタニズムはこれまで規範的な政治哲学の領域で影響
力を発揮してきたが，近年は社会的，政治的な分析に対して方法論的なインプリケーショ
ンをもたらす形も貢献を遂げてきた．社会科学において，いかにナショナルな枠組みを
超えて相互依存的な世界を理解するかという大きな問いが取り組まれる中で，新たな概
念枠組みとして方法論的なコスモポリタニズムの重要性が認識されるようになっている
のである．これは社会科学におけるコスモポリタンな転回（cosmopolitan turn）とも言
えるとデランティは指摘している（Delanty 2009：3）．

13）グローバリゼーションが経済だけでなく，多様な側面を持つ現象であると理解すべき
とする議論としては，Held et al.（1999＝2006），Tomlinson（1999＝2000），Robertson
（1992＝1997）などがよく知られている．

14）「どちらも」の論理はboth/andではなくthis-as-well-as-that principle（Beck 2002a：19）
やalso/and（Beck 2008b：14）と書かれることもあり，英語表記には揺らぎがある．

第3章　ベックのコスモポリタニズムの問題性
——その批判的継承のために——

1．ユーロセントリズム批判

1-1．ベックはユーロセントリックなコスモポリタン？

　これまでベックは「新しいコスモポリタニズム」の議論全体に大きな影響を及ぼしてきたが，一方で様々な批判にもさらされてきた(Bhambra 2011, 2016；Calhoun 2010；Gilroy 2010；Harvey 2009＝2013；Komulainen 2018；Latour 2004；Martell 2008, 2009；Mouffe 2005＝2008)．例えば，リスト・クネリウスは，ベックに対する多くの意見は極めて批判的なものであり，例えば，政治的リアリティを欠いた理論的な幻想であるという指摘，歴史的事実について思いちがいをしているという指摘，そして傲慢なユーロセントリズムであるといった指摘などがあると論じている（Kunelius 2008：371）．クネリウスも言及しているように，ベックが受けた批判の中で最も代表的なのは，ベックの議論はユーロセントリックであるという旨の批判である．後述するように，実際にはベックはユーロセントリズム批判を展開しその克服を目指していたが，その試みにもかかわらず，ユーロセントリックだと批判され続けていた．その原因の一つとなっていると考えられ，度々引用されるのが以下の記述である．

　　世界のどこよりもヨーロッパは，このステップ（国民国家システムからコスモポリタンな国家のシステムへの移行）が可能だと示している．ヨーロッパは国家，国家システムの政治的な進化は全く終わっていないと近代世界に教えることができる．未来に向けてのキャッチフレーズは，「アメリカを押しのけ，ヨーロッパが復活する（Move over America—Europe is back）」かもしれない．（Beck 2003：38）

特に「アメリカを押しのけ，ヨーロッパが復活する」は象徴的な記述として批判の槍玉にあげられることが多い．例えば，アン＝ソフィー・クロッサとローランド・ロバートソンはベックを次のように批判している．

> この断固たるスローガン（Move over America—Europe is back）から分かるように，ベックは極めてユーロセントリックな立場を採用している．これが示すのは，規範的なヨーロピアン・コスモポリタニズムは，道徳的な意味において，アメリカに対するヨーロッパの勝利を表しているということだ．多文化主義や関連する概念の伝統や，世界の他の部分における共生の形を無視し，このアプローチはコスモポリタニズムの考えをヨーロッパ固有のコンセプトとして占有しようとしている．(Krossa and Robertson eds. 2012: 1)

彼らによれば，ヨーロッパのコスモポリタニズムは本来的にユーロセントリックになることを避けられず，このフィールドにおいてベックは「最も卓越した貢献者」であると揶揄されている（Krossa and Robertson eds. 2012: 1）．

1-2. バンブラによるベック批判

　ベックのユーロセントリズム批判としてここで取り上げたいのが，ガルミンダー・バンブラによる議論である（Bhambra 2011, 2016）．バンブラは，必要なのは「アメリカを押しのける」ことではなく，「ヨーロッパが耳をかたむけ，学ぶこと（for Europe to listen, and to learn）」，「ヨーロッパとアメリカが，脇へどくこと（for Europe and the United States, alike, to move over）」だと主張する（Bhambra 2011: 325）．ベックのコスモポリタニズムは「潜在的なグローバルな包摂性（potential global inclusivity）」の仮面を被った文化的ユーロセントリズムである，と批判し，さらにベックの理論に内在する重要な問題を指摘している（Bhambra 2011, 2016）．バンブラが特に問題化するのは，ベックが現在と未来を強調し，帝国主義と植民地支配の歴史を軽視する傾向にある点である．

　例えば，ベックは方法論的ナショナリズムの問題をコスモポリタン化とセットの比較的新しい問題として扱い，第一の近代における諸概念はその時代においては分析概念として適切であったが，第二の近代以降に適切でなくなったかのように論じている．しかし，第一の近代とは帝国による侵略によって特徴づ

けられた時代であり，当時においても国民国家内の同質性を前提とするのは誤りであるため，第二の近代と同様，第一の近代においても適切ではなかったとバンブラは批判する (Bhambra 2011: 317)．社会科学の諸概念は，方法論的にナショナリスティックというよりも方法論的にユーロセントリックなのであり，「第一の近代」が現在のグローバル化された世界に道を譲る中で新しく生まれた問題ではないとバンブラは指摘するのである (Bhambra 2011: 317)[1]．

　さらに，ベックによる植民地支配の歴史の軽視を示す例としてバンブラが引用するのが，グローバルな臓器の売買を具体例として挙げながら行うコスモポリタン化についての説明である (Bhambra 2016; Beck 2012)．ベックは，コスモポリタン化の時代，世界は臓器を売る国家と買う国家に二分され，貧困にあえぐ個人が，経済的には豊かだが病気にかかった個人に対して臓器を売る状況が発生していると論じている．そうした状況下では身体，人種，国家，宗教といったすべての区分が溶解していき，ある種の世界市民が生まれ，「ムスリムの腎臓がクリスチャンの血を浄化する」，「白人の人種差別主義者が黒人の肺で息をする」といったことが現実化していると説明されている (Beck 2012: 8-9)．

　バンブラはこの議論には 3 つの問題があると論じる．第一に，臓器を売る／買うという行為を通して生まれる関係性は極めて浅いものであるという問題がある．第二に，臓器の受け手のみが世界市民と考えられていることである．当該論文にてベックはコスモポリタン化とは特権的なマイノリティの経験ではないと言っているにもかかわらず，この例において「コスモポリタンな身体」を獲得しているのは臓器の受け手のみであり，まさに一部の特権的な人間の経験となっている．第三に，ベックはなぜある人々は臓器を売らねばならぬほど貧困に苦しんでいるのかという理由を論じないことで，貧困をつくり，維持してきた帝国主義の歴史とその蓄積の上に成り立つ現代のグローバルな権力構造の問題化を避けていると指摘する．

　「本当のコスモポリタン」であれば，植民地支配の歴史と，それと地続きのものとしてのマルチカルチュラルな現在についてきちんと取り組むべきであるが，ベックは一貫してそれに失敗しているとバンブラは批判する (Bhambra 2016: 196, 199)．ベックは過去の遺産によって構成されている現在というものについて論じずに，コスモポリタンな未来に関するビジョンがいかに現在の政治にイ

ンパクトを持ちうるのかについて論じることが可能だと考えているように見え
る（Bhambra 2016: 196）．しかし，ポストコロニアルな感覚と歴史的な関係性な
しにコスモポリタニズムを論じれば，それはネオコロニアルなコスモポリタニ
ズムにしかならないとバンブラは論じるのである（Bhambra 2016）．

　バンブラは，ベックの「コスモポリタン化とは事実についてであり，倫理に
ついてではない」という言辞を批判する．ベックがそうして倫理に取り組もう
としないのは，臓器の例のようにコスモポリタン化のプロセスへの倫理的な対
処について考える気がないということを意味しているのだろうという（Bhambra
2016: 195）．ヨーロッパの帝国主義と奴隷制の遺産から歴史的に受け継がれて
きた不平等を無視し，そうした不平等への解決とは切り離された世界を想像し
ようとすることで，ベックの倫理を回避し，事実を強調しようする姿勢は信用
できないというのである（Bhambra 2016: 196）．

1-3. ベックによるユーロセントリズム批判

　バンブラによる批判は確かに的を射ているが，ベックによるユーロセントリ
ズム批判を過小評価している点については留意する必要がある．確かにベック
はユーロセントリックなコスモポリタンだと見なされることが多い上に，その
ような批判に相当するような記述もしばしば見られる．しかし，ベックが一貫
してユーロセントリックなコスモポリタニズムの克服という課題に取り組んで
きたことは見過ごすべきではない．

　ベックはコスモポリタニズムについての議論を始めた当初から，「上から」
一つの規範的ビジョンを押し付けるようなユーロセントリックなコスモポリタ
ニズムに対して批判的であった．だからこそ，コスモポリタニズムの代わりに
コスモポリタン化概念を打ち出し，ヨーロッパだけでなくあらゆる国民国家内
社会が変質しているという「事実」を絶えず強調してきたと言える．例えば，
2002年の時点ですでにベックは，コスモポリタニズムには一つの言語ではなく，
多くの言語が存在するのであり，カントやポパーがかつて夢見たような人類の
世界規模のコミュニティといった普遍主義的なコスモポリタニズムではなく，
複数のコスモポリタニズムを考えるべきだと論じている（Beck 2002a: 35）．さ
らに，第1章で論じたコスモポリタニズムを論じる際の自己批判の重要性につ

いても2002年の時点で言及している.

　　もちろん，コスモポリタニズムの新たな関心はそうした，ヨーロッパの中
　　産階級の資本主義や植民地帝国を体現する白人エリートたちと深く結びつ
　　いてきた．しかし，我々は，ポール・ラビナウが論じるような，自己批判
　　的なコスモポリタニズムを明らかにする必要がある，それはマクロな相互
　　依存性というエートスと，場所や，歴史的な軌跡と運命の特殊性と不可避
　　性に対する鋭い関心を組みあわせたものだ (Rabinow 1996 : 56)．(Beck 2002a :
　　18)

　そして，ベックが展開してきた「方法論的ナショナリズム」批判は，ユーロ
セントリズム批判とも関係していた．「方法論的ナショナリズム」は，単にグ
ローバルな相互依存の中にある現象を見誤るためだけでなく，他者性を排除す
る視点を内在化させているため問題なのである．ベックは，ナショナルな視点
は，「モノローグ的な想像力 (monologic imagination)」，他者の他者性を排する独
り善がりな視点であると論じる (Beck 2002a)．モノローグ的なナショナルな想
像力は，西洋の近代こそが普遍的な形であり，それ以外の近代はそうした理想
としての西洋の近代モデルとの比較によってのみ理解することができると前提
している (Beck 2002a : 22)．それに対してコスモポリタンな視点とは，「普遍化
する安楽椅子理論 (universalizing armchair theory)」としての社会理論が持つモノ
ローグ的なナショナルな視点に抗し，他者の他者性を含めて生活世界を想像，
理解する方法を提供する (Beck 2002a : 18, 22)．つまり，ヨーロッパモデルを普
遍的に独善的に押し付けるのではなく，それ以外の様々な地方の他者の視点を
包含しようとするのが，コスモポリタンなアプローチであるとベックは考えた
のである.
　このように，コスモポリタニズムを論じ始めた当初からユーロセントリズム
批判という視点を重視していたが，それにもかかわらず，2000年代に「ユーロ
セントリックだ」との批判を多く受けたことの影響もあったのか，2010年以降
はユーロセントリズムの克服をより一層強調するようになっている．例えば，
2010年に発表されたグランデとの共著論文においては，方法論的コスモポリタ
ニズムが果たすべき課題の一つとしてのユーロセントリズムの克服を挙げ，次

のように説明している.

> ユーロセントリズムの壁を破壊せずに,方法論的コスモポリタニズムについて論じることはできない.我々は視点をヨーロッパを超えて世界に向けて開き,境界横断的なダイナミクス,依存,相互依存,混合だけでなく,植民地支配の歴史の縺れあいに目を向けなくてはならない.(Beck and Grande 2010: 411)

そして,ベックとグランデは,社会理論がこれまで伝統的に有してきた価値観,ヨーロッパ社会を一般化し,ヨーロッパの近代こそ到達すべきゴールであるとする単線的な近代観を批判している[2].そして,近代化のプロセスには様々な経路やコンテクストが存在することを強調し,分析を行う上では,ただ一つではなく複数の視点を持つこと (not mono, but multi-perspectival) が重要であると論じている (Beck and Grande 2010: 394).

この複数の視点の重要性について,ベックとグランデは以下のように説明している.

> 社会学理論に内在する偽の普遍主義はヨーロッパの視点からヨーロッパを見ることでは暴かれない.それはヨーロッパを非ヨーロッパの視点から「見る」ことでしか見えてこないのだ.それはつまり,「アジアの目」(あるいは「アフリカの目」など) で見ることであり,言い換えれば方法論的コスモポリタニズムの実践によってである!(Beck 2010: 424)

そして,ベック自身が自らの考えを実際の行動に移し,ヨーロッパ圏に留まらず,様々な文化的背景を持つ社会学者と数々の対話を進め,研究コミュニティ構築に尽力してきたことは称賛に値する功績であろう.日本の社会学者との関連においても,Suzuki et al. (2016) を含めた British Journal of Sociology での複数の近代についての特集や日本でのシンポジウムの開催および関連本の出版 (鈴木・伊藤編 2011) を始めとして,数多くの共同研究を進めてきたことは特筆に値する.

2．ベックのユーロセントリズム批判の限界性

2-1．ポストコロニアルな視点の重要性

　ベックは，ユーロセントリズムの克服にあたり，複数の視点——アジアの視点やアフリカの視点——を持つことが重要であると主張していたが，複数の視点を持つということがどれほど有効であるかについては疑問が残る．なぜならば，ただ視点を増やすだけでは，その複数の視点の間にある権力関係を見過ごしてしまう可能性があるためである．ヨーロッパに加えてアジアやアメリカの目で見るということは確かに必要であるが，同時に帝国主義的なものを切り崩すものとしてのポストコロニアルな視点や思考が重要である．

　確かに，ヨーロッパだけでなく，アジアやアフリカからコスモポリタニズムを考えるのも重要な課題だが，こうした発想はしばしば，コスモポリタンな志向性を持つ伝統的な文化としての仏教や儒教 (Turner 2002 ; Park and Han 2014) などへの注目に転じやすく，そうしたコスモポリタンな「伝統」を本質的なものとして自明視することには危険が伴う[3]．なぜなら，ここではローカルなものの本質化，ローカルな文化の真正性という，新しいコスモポリタニズムがローカル／コスモポリタン二分法批判でも問題化してきたはずのものを前提としていると言えるためである．アジア的なるものを本質化する誘惑に屈し，実際に存在する多元的な現実を排除し，オリエンタリズムを再生産するのは避けねばならない．

　また，アジア固有の価値観なるものも，帝国主義的なコスモポリタニズムに転じる可能性があることも認識する必要がある．隠れたコスモポリタンな伝統を非西洋に見出すよりも，そうした帝国主義的，独善的な普遍主義を切り崩すためには，ポストコロニアルな視点を重視することが重要だと考えられるのである[4]．

2-2．「日本版コスモポリタニズム」としての八紘一宇

　独善的，帝国主義的普遍主義はヨーロッパ特有ではなく，他の場所にも見られる．例えば，アジア諸国への侵略を正当化するためのスローガン，「八紘一

宇」は，そうした帝国主義的コスモポリタニズムの一例だと言えるだろう．一般的に八紘一宇はかつての軍国主義，帝国主義時代の日本を象徴する概念であると理解されているが，時に右派の論客によって今も重要性のある概念として援用されることがある．例えば，2013年の参議院予算委員会にて，参議院議員である三原じゅん子は，八紘一宇は「日本が建国以来大切にしてきた価値観」であり，いまこそこの理念が必要だと訴え，批判を浴びた．ここで注目すべき，興味深いのは，三原はなぜ今八紘一宇が重要だと考えたのか，その理由である．この予算委員会での三原の質疑の主題は，日本政府はいかに租税回避に取り組むべきかについてであった．アマゾンのような多国籍企業が国内のインフラを利用してビジネスを行っていながらも，法人税を納めておらず，こうした「税のゆがみ」の皺寄せは弱者にいくということを三原は問題視した．この租税回避の問題はグローバル資本主義の影の部分であり，この影の部分に取り組むためには超国家的取り組み，国際強調が必要であると論じている．そして，もし租税回避への対策として，BEPS（Base Erosion and Profit Shifting）のような策をとったとしても，例えば100の参加国の中で99が足並みをそろえて，同じ税率にしたとしても，一国家でも抜け駆けをして税率を低くすれば無駄になってしまうと論じている．それゆえ，「何のためにこうした租税回避を防止するかという理念に該当する部分を強化する，こういったことが必要なのではないか」主張した．そして，八紘一宇がその理念たりうるのではないかと考えたのである．

> 戦前に書かれたものでありますけれども，この八紘一宇という根本原理の中に現在のグローバル資本主義の中で日本がどう立ち振る舞うべきかというのが示されているのだと私は思えてならないんです……総理，ここで私は八紘一宇の理念というものが大事ではないかと思います．税のゆがみは国家のゆがみどころか世界のゆがみにつながっております．この八紘一宇の理念の下に世界が一つの家族のようにむつみ合い助け合えるように，そんな経済及び税の仕組みを運用していくことを確認する崇高な政治的合意文書のようなものを安倍総理こそがイニシアチブを取って世界中に提案していくべきだと思うんですが，いかがでしょうか．[5)]

第 2 章で論じたように，確かに租税回避はグローバル資本主義の影であり，超国家的な取り組みでしか解決できない．しかしながら，そのために八紘一宇を規範的な理念として掲げるべきというのは問題である．彼女からしたら，八紘一宇は日本版コスモポリタニズムと言えるのかもしれないが，これは独善的で帝国主義的なものである．「日本本来の価値」に普遍主義的な仮面を被せることで——そもそも軍国主義時代の理念を持ち出す時点で普遍主義とは言えないが——，日本が国際政治の中でヘゲモニーを獲得しようという本来の狙いを隠蔽しようとしていることが見てとれる．租税回避のような問題に対して国家を超えて協働する道を探るために，国家を超えて共有しうる価値や目的について考えるという方向性はありうるが，ある特定の価値や考えを「普遍的なもの」として一方的に押し付けることはあってはならない．そうした「普遍的な」ものや「共通の価値」を一方的，独善的に押し付けようとする試みに対して，常に批判的な視座を向ける必要がある．そのため，帝国主義的な視点を批判し，対抗するための視点として，ポストコロニアルな視点について考えることが重要なのである．

2-3.　ポストコロニアルな視点の重要性

　デランティもまた，コスモポリタニズムが持つユーロセントリックな性格を問題化してきた．彼は，コスモポリタン理論の多くは，ユーロセントリズムに同調していると指摘し，コスモポリタニズムをポストコロニアルな批判と接続することの重要性を認めており，特に異種混淆性にかかわる新たな問いを開くことが必要であると論じている（Delanty 2014: 376）．しかしながら，彼は同時に，ポストコロニアルな批判はヨーロッパの知的伝統に対する一方的な見方に基づいており，非西洋の伝統を「オルタナティブ」として過大評価していると論じる．ポストコロニアルな批判は，多くの地方——例えば中国や日本——それ自体が帝国主義的であったことを無視しているため，あまり意味がないと指摘するのである（Delanty 2014: 384）．確かに中国や日本が帝国主義的であったのは事実であるが，それによってポストコロニアルな批判には意味がないと結論づけるべきではない．私の知る限り，ポストコロニアル理論家，日本のポストコロニアル理論家たちは，西洋を固定的なヘゲモニーと見なすのではなく，

植民地支配の残滓，グローバル資本主義の中で構成される複雑な権力関係を問題化してきた．例えば，日本にいるポストコロニアル理論家たちは，日本を取り巻く特別なコンテクスト——植民地化を進めた一方で，一種の植民地化の対象となってきた——に対して極めて自覚的であった (西川 2006)．日本は，戦中はアジア諸国を植民地化してきたのに対して，戦後は連合国軍の占領下に置かれ，今でも国内には多くのアメリカ軍基地が残っているのであり，日本は植民地化する主体であると同時に客体でもある．そして磯前順一は，宗主国であったのは西洋だけでなく，アジアにおける日本という宗主国の爪痕を思い浮かべる想像力を日本社会に住むものとして持つ必要性を論じている (磯前 2013: 10-11)．日本という事例に限らず，ポストコロニアルな批判は常に，西洋とその残部 (the West and the Rest) という固定的な区分を前提とし，常に西洋を「侵略者」，それ以外を「犠牲者」のような描き方をするわけではない．

　さらにデランティは，ポストコロニアル論者たちは非西洋の伝統をオルタナティブと過大評価すると指摘していたが，これも本当にそうだと言えるだろうか．むしろ，ポストコロニアル論者たちは，何かしらの伝統や文化をオルタナティブなものとして見なすことに対して批判的な態度をとることの方が多い．なぜなら，彼らは文化の真正性に対して批判的で，異種混淆性を強調するためであり，純粋で本質的なアイデンティティは存在しないと考えることが多いためである．磯前の言うように，異種混淆性とは，固定された自己／他者という二項対立を批判する言説としてポストコロニアル理論に導入されてきたのであり，それによって真正で純粋な日本人や韓国人などは存在しないと論じてきた (磯前 2013: 24)．

　前述したように，アジアにおけるコスモポリタニズムや日本におけるそうしたコスモポリタンな「伝統」を本質的なものとして自明視することには危険があり，実際に存在する多元的な現実を排除し，オリエンタリズムを新たな形で再生産するのは避ける必要がある．隠れたコスモポリタンな伝統を非西洋に見出すよりも，そうした帝国主義的，独善的な普遍主義を切り崩すためには，ポストコロニアルな思考を重視することが重要だと考えられるのである．そうしたポストコロニアルな思考を考える上で参考になるのは，ワルテル・ミグノロが境界思考 (border thinking) と呼ぶものである (Mignolo 2000: 736-737)．境界思

考とは，これまで排除され，サバルタンの立場に置かれてきた人々の視点に立つことでヘゲモニックな想像力を変容させるものである．管理や支配，均質化を押し付ける，「グローバル・デザイン」としてのコスモポリタニズム——例えば，キリスト教，19世紀の帝国主義，20世紀末の新自由主義——に対抗するものとして，惑星的な多文化共生のプロジェクトとしてのコスモポリタニズム，「批判的・対話的コスモポリタニズム」をミグノロは対置する (Mignolo 2000)．グローバル・デザインとしてのコスモポリタニズムにとっての解毒剤になるのは「近代の外部」，コロニアリティから考えることである．境界思考は批判的コスモポリタニズムのツールとなると論じるのである[6] (Mignolo 2000)．

　この境界思考と関連する概念として考えられるのが，スピヴァクのアンラーニングである (Spivak 1988＝1998)．アンラーニングとは，西洋の学問が獲得してきた知的特権を忘れ去り，解体することを意味する．スピヴァクは，西洋の学問がサバルタン女性たち，「第三世界」の女性たちの体験を平然と無視してきたことを批判し，そうした西洋と特権化された眼差しを解体することが必要であると論じる (Spivak 1988＝1998)．

　この知的特権の解体は，ただ非ヨーロッパ的他者を承認するということでは成し遂げられない．そうした思考では，依然として西洋を主体，非西洋を他者とする固定的なモデルが前提とされているためである．コスモポリタズムはそのユーロセントリックな傾向を乗り越えるために，しばしばその構想の中に非ヨーロッパ的他者を含めることを目指してきた．例えば，ジェフ・ポッケは，排除されてきた非ヨーロッパ的他者を承認するコスモポリタンな倫理が必要であると論じている(Popke 2007: 513)．これは依然として問題である．なぜなら，他者としての非西洋を無視するのよりは良いものの，自己としての西洋，他者としての非西洋を固定的なものとして前提としているためである．

　この点は木村茂雄によっても指摘されている．木村は，第一世界は第三世界の他者性を盛んに描こうとするのに対して，第一世界自体が持つ他者性について取り組んでこなかったと論じる (木村 2013: 186-187)．

　　「他者に開かれた姿勢」や比較文化的な労力の重要性には，とりあえず反
　　論の余地がないだろう．しかし，ややうがった見方をするなら，ここで想

像されている「他者」とは一体誰のことなのか，またその裏返しとして，ここで自明のものとしてされている「自己」とは誰のことなのかと言う「疑問」も生じる．一般に「他者」という言葉が使われる場合，語るものと語られるものとのヒエラルキーが無自覚に忍んでいることも少なくないように思われる．さらにいうなら，現代世界の言説空間において，「第三世界」の「他者性」は頻繁に論じられても，その位置からみたヨーロッパの「他者性」は，ほとんど言説化されることがない．また，このような他者を論じる「第一世界」の自己が，じつはその他者の視線に直接さらされているという現代の状況も，あまり意識化されることがない．（木村 2013: 187）

　西洋はみずからの知的特権を認識，解体し，その知のあり方を脱中心化することが必要なのである．そうすることで，主体としての非西洋，客体としての西洋という暗黙の二項対立を学び捨てる（unlearn）ことが求められる．

3．「現実」の強調における陥穽

3-1．現実の強調と規範の忌避

　さらに，ベックのコスモポリタン理論の最たる特徴は，規範的な議論の忌避にあると言える．「コスモポリタニズムとは倫理（ethics）についてではなく事実（facts）についてであり，哲学についてではなく，社会学についてである」（Beck 2012: 8）という主張からも明らかなように，ベックは絶えず自身のコスモポリタン理論が規範的ではないことを強調してきた．この規範性の忌避こそが，ベック理論の強みであると同時に弱点を形成していると考えられる．

　例えば，コスモポリタン現実主義といった発想は，ナショナリズムこそが「現実的」であるというような狭隘な想像力を切り崩す戦略として，一定の有効性を持つ可能性がある．ナショナルなものこそが現実的であるという見方を弱体化させるために，見えづらくなっているもう一つの「現実」に立脚した現実主義を立ち上げることは有益であると言え，これは戦略的なコスモポリタニズムとして一定の評価を与えることができると考えられる．

　ただ，この戦略が実際にどの程度有効であるのかについては疑問の余地が残

る．なぜならば，コスモポリタンな現実の強調と現状介入的な批判性はトレード
オフの関係にあるとも考えられるためである．前章で述べたように，ベック
は，コスモポリタン化は両面的 (Janus-faced) であり，必ずしも倫理的に望ま
しい状況を生み出すわけではないと論じている．しかし，何らかの倫理的に肯
定的な価値を含む「コスモポリタン」という言葉を用いる限り，「現実がコス
モポリタンになっている」と強調することは，現状肯定に繋がりかねず，様々
な差別や不正義をはらむ「現実」に対しての批判的な介入を困難なものにする
とも考えられる．

　また，ベックが倫理ではなく事実について強調するようになった背景にある
のは，ユーロセントリズム批判から生まれた自己批判という姿勢の内面化であ
ろう．「健康的」な程度に自己批判を内面化することは，新しいコスモポリタ
ニズムを論じる上で必要な態度として考えられてきた (Spencer 2011 ; Mendieta
2009)．しかし，第1章で論じたように，この「適度な」自己批判というのは
難しく，多くの論者がそれを強く内面化するあまり，倫理や規範について論じ
なくなってしまった．ベックはまさに「「新しいコスモポリタニズム」の理論
的行き詰まり」を体現していると言えるのだ．ベックは，2000年代にはコスモ
ポリタニズムについて論じることが多かったが，2010年代にはコスモポリタニ
ズムという言葉もほとんど用いなくなってしまった．特に注目すべきなのは，
2010年あたりに，コスモポリタン化をめぐる表記が変わっていることである．
コスモポリタン化の英語表記は，cosmopolitanization(Beck 2004 = 2006など)，cos-
mopoliticization (Beck 2010)，cosmopolitization (Beck 2011bなど) と揺らぎが見
られる．どの表記でも定義はほとんど変わらないが，この表記の変化にはベッ
クのコスモポリタン理論におけるスタンスの変化が反映されていると分析でき
る．2000年代にはコスモポリタニズムという言葉を用いることもあったのに対
して，2010年代にはほとんどコスモポリタニズムという用語は使わなくなり，
規範的な議論に対してもより一層消極的になっている．それに対応する形で
ベックはcosmopolitanizationという用語を使う代わりに，2010年あたりを境
にcosmopolitizationを主に使うようになり，さらに「変態 (metamorphosis)」
という類似概念も用いるようになっている[7] (Beck 2016 = 2017)．

　ベックは規範的議論に真正面から取り組むことを避けながら，コスモポリタ

82

ン化という現在進行中のプロセスを強調することで，実際にコスモポリタニズムが実現されているという議論にスライドさせる傾向にある．コスモポリタニズムとコスモポリタン化の間には深い隔たりがあるにもかかわらず，ベックはそれに対して十分に取り組めていないと言えるのである．この問題は，コスモポリタン化概念に対する諸批判からも垣間見える (Calhoun 2010 ; Roudometof 2008 a)．例えばビクター・ルドメトフは，ベックはコスモポリタニズムをプロセスであると同時に結果として論じていると批判している．ベックは，社会学的な記述と倫理的な議論の間を行ったり来たりするため，倫理的な立場としてのコスモポリタニズムと，現実を記述する変数としてのコスモポリタニズムの概念的な区別は分かりにくいものとなっていると指摘する (Roudometof 2008a : 116)．また，カルフーンも同様に，ベックは経験的に記述される現実を規範的な理想の一つのバージョンとして示していると批判している (Calhoun 2010 : 611)．

3-2. 「ありふれたコスモポリタニズム（banal cosmopolitanism）」批判

また，ベックは，コスモポリタン化を世界のあらゆる場所で観察可能なプロセスとして描き出し，それによって根本的な社会変容が起こっていると強調してきた．しかし，この社会変容の内容は時に過度に一般化され，誇張されてきたと言える．ベックは，人々はますますありふれたコスモポリタニズムを生きるようになっており，日常的なナショナリズムは弱体化し，我々自身がグローバルなプロセスや現象の中に統合されていくことを経験していると論じる (Beck 2002a: 28)[8]．こうした主張はしばしば「新しいコスモポリタニズム」の中で展開されており，ハナーツも，トランスナショナルな出会いが多くの人々の日常的な経験やライフコースやの一部になっており，そうした出会いが「ありふれたコスモポリタニズム (banal cosmopolitanism)」のようなものを無意識のうちに形成していると論じている (Hannerz 2004 : 73)．もちろん，そうした異文化や文化的他者との出会いは他者／他者性への開かれた態度の形成の第一歩に繋がるかもしれないが，常にそれに直結しているわけではない．スカービスとウッドワードが論じるように，人々は消費者として多文化的消費に夢中になっていたとしても，そうしたポジティブな部分は，文化的な他者への疑念や，グローバルな画一化への懸念，不安，恐れについての言説の普及とセットである

(Skrbis and Woodward 2007: 763). 確かに，日々の生活に埋め込まれた日常的な
コスモポリタンなものとの遭遇に目も向けることが重要であるが，そういった
ありふれた形でのコスモポリタニズムが社会的な倫理的な変容をもたらす可能
性には，懐疑的な目を向けられることが少なくないのだ (Skrbis and Woodward
2013). ベック自身も「コスモポリタニズムという商品は文化的差異の魅力に
よってよく売れる」と言っているが，「よく売れる」だけでは不十分なのであ
る (Beck 2006: 41). ベックが指摘するような，多文化的消費で生まれる「あり
ふれたコスモポリタニズム」は表層的なものに過ぎず，他者とのよりよい共生
の実現にあまり貢献しない可能性がある.

　ベックはありふれたコスモポリタニズムの例として食のコスモポリタニズム
を挙げている.

　　すぐそこにあるスーパマーケットについて考えてみよう. 今日スーパーの
　　棚では，大量生産されたものではあるものの，他の文化や他の大陸で食べ
　　られているあらゆる食べ物を見つけることができる. 結果として，ありふ
　　れたコスモポリタンな食の折衷主義 (a banal cosmopolitan eclecticism) が生ま
　　れ，それは料理本やテレビの料理番組で新たな日常として奨励され，持て
　　囃されている (Beck 2002a: 28).

　こうした食のコスモポリタニズムは食の多文化主義と言い換えることもでき
るが，これについては慎重な議論が必要になるだろう. 文化的な他者の料理を
食べるという行為を無批判に称揚できない. 例えば，ウマ・ナーラーヤンはエ
スニック・フードを食べるという行為が持つ意味について検討を行っている
(Narayan 1997). ナーラーヤンによれば，主流派の西洋人たちがエスニック・
フードを食べるとき，しばしば食の植民地主義 (food colonialism) や食の帝国主
義 (culinary imperialism) のようなものが体現されているという (Narayan 1997).
彼らは「エキゾチック」な食べ物に対して浅い関心しか示さず，その食べ物が
持つ文化的文脈に関心や興味を一切持たずに，彼ら自身が洗練されていると思
われるため，他者の食べ物を搾取しているとも言える. ベル・フックスも同様
に，白人による人種的差異の消費としての，「他者を食べる」という行為は，
喜びの源であると見なされるようになり，消費文化の中でエスニシティは「ス

パイス」となり，主流白人文化という退屈な料理を面白くするための味付けとして使われていると指摘している（hooks 1992 : 92）．

　ベックが言う「食のありふれたコスモポリタニズム」は，マリアンナ・パパステファノウが言うところの「モノローグ的（monological）」なもの——自己から始まり，結局のところ自己に第一に関心があるもの——として考えられる（Papastephanou 2016 : 216）．パパステファノウは，食のコスモポリタニズムのような異文化交流において，他者は自己をより豊かな存在にするための源泉の一つとして捉えられており，他者に対する関係性や責任を考える契機を産む源泉としてはほとんど考えられていないと指摘する（Papastephanou 2016 : 216）．ここで皮肉なのは，ベックの食のコスモポリタニズムはまさに，パパステファノウが「モノローグ的（monological）」と批判していることであるが，その一方でベックもまた他者性を排するナショナルな想像力を「モノローグ的（monologic）」だと批判していたことである．

　ただ，本当に他者の食べ物を食べるという行為には問題しかないのだろうか．先ほど参照したナーラーヤンは，「食の植民地主義」や「食の帝国主義」に転じる危険性に言及しながらも，その日常的実践は，そうした食べ物がつくられ，消費される文脈について考える機会にもなるかもしれないと論じている（Narayan 1997 : 182）．よく考えずに，受動的にただ「エキゾチック」な食べものを食べるのではなく，その食べ物をめぐる背景について思いをはせることができたとしたら，それは他者との新たな関係——一方的に他者性を搾取する関係ではなく——の構築に繋がるかもしれない．ベックは「グローバルな他者は我々の中にいる」というが，ただそこにいるだけでは十分ではない．そうした他者とどう出会い，他者との出会いを通して自己や自己と他者との関係性を問い直すことが必要なのである．ベックは自己批判的な姿勢から規範的なコスモポリタニズムを論じることを回避し，「コスモポリタンな現実」を過大評価することで，あたかもコスモポリタンな共生がすでに実現されているかのように論じる．しかし，そうした議論では，植民地支配の歴史の連なりによって形成されている不平等は不可視化され，結果として本来避けたかったはずのユーロセントリズムが前景化してしまっているように見えるのである．

3-3．コスモポリタン現実主義の限界

「グローバルな他者は我々の中にいる」という状況に投げ込まれていると強調することで，ベックはコスモポリタンな現実を過大評価し，他者とどのように向きあうべきかという規範的な問いを避けてきた．確かに，コスモポリタン化はよりよい共生の土壌を育む条件の一つにはなるが，それによってもたらされた「グローバルな他者は我々の中にいる」という状況に身を置くことが，そのまま自動的に他者への開かれた態度や相互理解に繋がるわけではない．ベックは，コスポリタン化が規範的なコスモポリタニズムの実現に繋がりうるシナリオについては論じるが，そのシナリオが実現する可能性を高めるために，どのような倫理や規範が必要かについてはほとんど論じていない[9] (Beck and Sznaider 2006)．

　コスモポリタニズムが再興隆した当初であれば，ベックが言うように「コスモポリタニズムはもはや夢ではない」(Beck 2006: 44) という認識がある程度共有されていたため，そうしたシナリオの提示のみでも十分であったかもしれない．そして2010年代前半ごろまでは，2008年金融危機，欧州財政危機を契機として，グローバル資本主義のあり方への反省や批判が広がり，グローバルな経済的な問題に対して国家という枠組みを超え，どう対処するべきなのか考えようという意識が共有されていたように思われる．2008年にはOccupy Wall Street のような社会運動が世界的に波及したり，2014年にはトマ・ピケティのグローバルな累進課税といったアイデアが注目を集めたりと，国家を超えた協調や変革によって，グローバル化をより公正なものにしていこうという方向性がある程度共有されていた[10]．しかし，いつしかそうしたグローバルな協調は非現実的なものとなり，ナショナルな境界は再強化されている．排外主義が顕在化し世界的に深刻な問題となっている現在，ただシナリオについて論じるだけでは十分ではないと言わざるをえない．他者とのよりよい共生のためには一体どういった倫理や規範が求められるのかという課題に向きあう必要がある．

　この問題は第2章で論じた政治的なビジョンとしての，コスモポリタン現実政治にも当てはまる．経済がグローバルに統合された中で，新自由主義的政策への圧力から逃れることのできる国家は存在せず，かつ一国家のみでは対処は

不可能であるため，国家レベルの対応だけではなく，超国家的に，コスモポリ
タンに連帯，協働するべきというベックの指摘は重要なものだったと評価でき
るだろう．そして，一見ユートピアンに見えるコスモポリタニズムこそが「現
実的」／「現実政治」であるというレトリックは一定の説得力を持っていたと
言える．

　ただ，ベックの「政治がコスモポリタンなものになればなるほど，よりナショ
ナルに成功したものになる」という利害に訴えかける主張が，実際にどれほど
人々をコスモポリタンな政治システムへの実現に駆り立てることになるのかと
いう疑問は残る．政策についての議論は，現実政治の原則，国益に与するかど
うかと言うよりも，実際にはナショナリズムやエスノセントリズムに左右され
るという側面もある．EU における難民受入の例をとって考えてみよう．ヒポ
ライト・ダルビスらの研究は，難民はヨーロッパ諸国マクロ経済に対してポジ
ティブな影響をもたらすというエビデンスを提示している（d'Albis et al. 2018）．
この研究によると，難民庇護申請者の流入は，一人あたりの GDP の増加，失
業の減少，財政のバランスの改善に繋がる．難民受け入れによって必要となる
公共支出よりも，税収の増加額の方が大きいため，庇護申請者たちは負担では
ないということを明らかにしている（d'Albis et al. 2018）．もし政策のあり方が国
益にかなうかどうかのみで決まるのであれば，こうした研究結果は多くの国で
の難民政策の転換に繋がってもおかしくないだろう．しかし，実際そのような
ことは起こっていないし，起こることは考えにくいだろう．もちろん，難民を
どう受け入れ，定住させるかという実際的な問題がそれを阻んでいる可能性も
十分にあるが，より大きな障害となっているのは，エスノセントリズムや排外
主義ではないだろうか．国益の認識だけではナショナルな現実政治からコスモ
ポリタンな現実政治への移行を実現するのは難しいと言えるのであり，ここに
ベックの現実主義を強調するレトリックの限界性を見てとることができる．も
し国益に与する限りコスモポリタンな協働を行うという「現実政治」が実現さ
れたとしても，そのコスモポリタニズムはあくまで「国益に与する限り」のも
のであるため，結局はエスノセントリズムでしかない可能性もある．本当の意
味でコスモポリタンな政治——すべての人間が等しく道徳的な価値を持ってい
るという理念に基づく政治——の実現とは，単に政治経済的な課題であるだけ

でなく,「他者」にどう向きあうか, どうエスノセントリズムや排外主義を乗
り越えるかという倫理的課題も含むと考えられるのである.

3-4. コスモポリタンな連帯は自明なのか?

　ベックの「協働か失敗か (cooperate or fail)」のような政治的なビジョンは説
得的であると同時に新しいものでもあった. コスモポリタニズムの一潮流でも
あるグローバル・ジャスティス論では, 北半球に偏在する先進国の人々が持つ
グローバルな貧困に対する責任を問おうとし,「北」/「南」という非対称的
な関係性を前提とする傾向がある (Pogge 2008 = 2010). それに対して, ベック
が考えるようなコスモポリタンな連帯——国境を越えたリスクの共有によって
形成される, リスクに対処するための連帯——においては, 水平的な関係が想
定されている (Beck 2006: 162). ベックは,「北」の人々にとってグローバルな
諸課題とは, 責任を引き受けるかどうか, 取り組むかどうか, という選択の問
題ではなく, 自分自身の問題として考えなければならないという「現実」を突
きつけており, それは重要な視座の転換であったと考えられる (鈴木 2014).

　しかし, グローバルに共有された課題を解決するために協働する上で, 実際
にどのように他者に向きあい, 変革の基盤となる連帯を形成していくべきなの
かは不分明なままである. 前述したように, 利害の認識のみで, ナショナルな
現実政治からコスモポリタンな現実政治への移行を実現し, 強固なコスモポリ
タンな連帯を形成するのは難しいと考えられる. さらに, 世界規模のリスクの
共有によって連帯, 公共性が生まれるという主張に対して, ルーク・マーテル
はベックの議論の中では利害の対立が軽視されていると指摘する. ベックはグ
ローバルなリスクを認識することは, 民族と国家の対立を喪失させ, コスモポ
リタンな運命共同体の日常感覚を示唆すると言うが, マーテルによれば仮にそ
のような世界規模のリスクが共有されたとしたら, 利害対立が顕在化するはず
であり, コスモポリタンというよりナショナルな意識を強化させ, コスモポリ
タンな連帯よりも対立を生む可能性もある (Martell 2008).

　ベックは利害やリスクの共有によるコスモポリタンな連帯を自明のものとし
て考える傾向がある. さらに, 連帯について考える場合, 共有されたリスクの
ような「共通性」を強調し過ぎると, 実際に存在する差異や不平等を不可視化

してしまう危険性を認識する必要がある．課題やリスクの共有は一見，水平的な協働関係を形成するように見えるかもしれないが，その関係性は決して完全に水平的なものにはなりえない．というのも，実際の関係性は植民地支配の歴史からの連なりによって形成されており，より複雑で非対称的なものであると言えるためである．そういった複雑さや差異を，共有されたリスクといった共通性によって不可視化してはならないのである．第三世界のフェミニズム研究で知られるチャンドラ・タルパデー・モーハンティーが強調するように，共通したり異なったりするそれぞれの歴史があることを認める必要があり，安易に一般化し，差異や歴史的文脈を等閑視してはならないのである（Mohanty 2003: 168＝2012: 244）．「共通性」の強調に潜む罠を自覚し，ゆるやかな共通性の可能性を探りながらも，差異や歴史的文脈に対して注意深くあることが重要なのである．

結　　び

　本章では，ベックのコスモポリタニズム理論について批判を展開してきた．ベックはこれまでユーロセントリックであるという旨の批判を多く受けてきたが，バンブラ（Bhambra 2011）の批判からも垣間見えるように，そうした試みではしばしばベック自身のユーロセントリズム克服の試みが過小評価されてきた．ただ，ベックが提示する解決策，「方法論的コスモポリタニズム」や複数の視点は，ユーロセントリズムを克服する上では不十分である．視点を増やすだけでは，その複数の視点の間にある権力関係を見過ごしてしまう可能性がある．そして，帝国主義的なコスモポリタニズムはヨーロッパ特有ではなく，他の地域，例えば日本の八紘一宇にも見られる．専制的かつ独善的な普遍主義を切り崩すためには，隠れたコスモポリタンな伝統を非西洋圏に見出すのではなく，ポストコロニアルな視点を考えることが必要なのである．

　また，2010年代以降にベックが「コスモポリタン化」概念を頻用するようになり，代わりに規範としてのコスモポリタニズムについてほとんど論じなくなったことは，「新しいコスモポリタニズム」の理論的行き詰まりの典型例と言える．ベックは自己批判的な姿勢から規範的なコスモポリタニズムを論じる

ことを回避し,「コスモポリタンな現実」を過大評価することで,あたかもコスモポリタンな共生がすでに実現されているかのように論じる.しかし,そうした議論では,植民地支配の歴史の連なりによって形成された複雑で非対称的な関係性は不可視化されており,結果的にベックが避けたかったはずのユーロセントリズムが前景化してしまっていると言える.

　ベックは規範について論じることを避け,その代わりに現実,事実としてのコスモポリタン化を強調するが,こうした「現実」を強調するレトリックには落とし穴があることを指摘した.何らかの倫理的に肯定的な価値を含む「コスモポリタン」という言葉を用いる限り,「現実がコスモポリタンになっている」と強調することは,現状肯定に繋がりかねず,様々な差別や不正義をはらむ「現実」に対しての批判的な介入を困難なものにすると考えられるのである.ベックは規範的議論を避けながら,コスモポリタン化という現在進行中のプロセスを強調することで,実際にコスモポリタニズムが実現されているという議論にスライドさせ,コスモポリタン化とコスモポリタニズムの間にある隔たりを消失させているのである.

　ベックは「グローバルな他者は我々の中にいる」という状況に投げ込まれていると強調し,コスモポリタンな現実を過大評価することで,他者とどのように向きあうべきかという規範的な問いを避けてきた.しかし,グローバルに共有された課題を解決するために協働する上では,他者とどのように向きあい,関係を取り結ぶのかという問いを軽視することができない.なぜなら,ベックが言うような利益の認識だけでは,ナショナルな現実政治からコスモポリタンな現実政治への移行を実現することはできず,実際には排外主義やエスノセントリズムなどが障壁と考えられるためである.ベックは世界規模のリスクの共有によって新たに生まれる連帯やコミュニティに期待を寄せていたが,そうした連帯がグローバルな問題への対処に実際に耐えうるほど強固なものであるとは言えない.

　第4章,終章ではここで指摘したベックのコスモポリタニズム理論の問題を乗り越え,「新しいコスモポリタニズム」の理論を批判的に発展させることを目指す.第4章では,ベックが自明視していた連帯について検討し,どのような要素が国境を越えた連帯の形成に寄与するかについて検討する.そして終章

では，ベックは回避していた規範的な問い，他者とどう向きあうかという問いに取り組み，反省的な自己変容という規範の重要性について論じる．

注

1) こうした歴史の軽視は，ロバート・ホルトンやポール・ギルロイによっても指摘されている．ホルトンは，コスモポリタン化は近年見られるようになった現象だとするベックの指摘を批判する．ベックは，コスモポリタン化が第二の近代を特徴づけており，第二の近代は第一の近代とは区別されると論じる．しかし，貿易，移民，戦争，単一のグローバルなコミュニティに対する宗教的な想像力といった，越境的な現象は歴史的な連続性を持って形成されてきたのであり，第一の近代においても観察され，決して新しい現象ではないと指摘するのである（Holton 2009 : 64）．

　　また，ギルロイは，ベックの議論は歴史的ではなく未来志向（future-oriented）であるため，社会的／社会学的な知はいかに他性とのコロニアルな関係によって形づくられてきたかについて考えることや，人権の名の下で行われる武力行使に見られる帝国主義的なコスモポリタニズムに関する批判的な系譜を作成することを軽視しているように見えると論じている（Gilroy 2010 : 625）．

2) ベックとグランデのこうした議論の背景には，再帰的近代論（Beck et al. 1994＝1997）に対する反省があり，「再帰的近代論はまさに西洋の近代の理論そのものであった」と述べられている（Beck and Grande 2010 : 411-412）．

3) 例えば，パク・ヨンドとハン・サンジンは，古典「礼記」の一説であり，儒教の政治思想である Tianxiaweigong（天下為公，「天下を公と為す」）が批判的・再帰的コスモポリタニズムとして考えられると論じている（Park and Han 2014）．

4) ここで言うポストコロニアルのポストとは，post-factum，つまり，「あとのまつり」ということで，取り返しのつかないほどに変わり果ててしまった様を表している（酒井 2007 : 294）．磯前も指摘するように，ポストコロニアル状況とは，非西洋世界が旧宗主国からの影響を完全に断ち切って，かつての植民地化以前の状態を回復できるような旧植民地の世界などは存在しないことを意味する（磯前 2013 : 10）．そうしたポストコロニアルな状況を分析対象にするポストコロニアリズムとは，「コロニアリズムの終わることなき再検証」を試みるものである（本橋 2007）．本書では度々「ポストコロニアルな視点」という語を用いその重要性を指摘するが，この視点とは，植民地主義の残滓のなかで続く差別や不平等を周縁から問題化する，「周縁」からの視点を意味する．

5) 第189回国会参議院予算委員会会議録第六号，41ページ．

6) こうしたコロニアリティから考えられたポストコロニアル／批判的なコスモポリタニ

ズムの例として挙げられるのが，太田好信の沖縄発「土着コスモポリタニズム」につい
ての議論である（太田 2002）．この土着コスモポリタニズムは，バーバのヴァナキュ
ラー・コスモポリタニズムから来ている（Bhabha 1996, 2004）．バーバはコスモポリタ
ニズムをマージナルな空間から考える必要性を提起したが，太田はその具体的な空間と
して沖縄を考えた．「沖縄学の父」として知られる伊波普猷に言及し，彼が取り組んで
いた「近代の犠牲者」としてコスモポリタニズムについて論じている（太田 2002）．

7）Cosmopolitanization から cosmopolitization の移行の理由としては，cosmopolitaniza-
tion には -nize という接尾語があり，「コスモポリタンにする」という運動という含意を
持ちうるため，よりニュートラルに現象を記述するため，cosmopolitization へ表記した
という可能性が指摘できるだろう．そして，ベックは変態という言葉を通して，青虫が
蝶に変態する際に，青虫自身はそれに気づいていないように，気づかないうちに新しい
何かが出現してきているという，無意識性やラディカルな変容を強調しようとしている．
変化や変容はあくまで一部の変化であり全体の変化ではないが，我々が今経験している
のはより急進的な変化であるため，変態という語を使うべきだとベックは考えている
（Beck 2016＝2017）．

8）ベックは「凡庸なコスモポリタニズム」をマイケル・ビリグの「凡庸なナショナリズ
ム（banal nationalism）」と関連付けている（Billig 1995）．ベックはこの「凡庸なコス
モポリタニズム」が「凡庸なナショナリズム」に取って代わる可能性があると論じてい
る（Beck 2002a）．

9）伊藤は，ベックがコスモポリタニズムの方向に変革する主体を名指ししないことを指
摘し，それは「ある意味当然のこと」であると指摘する．なぜなら，ベックの再帰的近
代論では，社会的変革はあくまで副次的な帰結としてもたらされるものとして考えられ
ているためである．第一の近代では，人間が主体的に起こす変革が可能であったが，第
二の近代ではそのような変革は困難になっているとベックは考えている（伊藤 2019）．

10）ピケティは，グローバル化した世襲資本主義を規制するには，国家の税制のみを見直
すだけでは不十分であり，世界的な資本に対する累進課税を検討する必要があるとして
いる（Piketty 2014＝2014：539）．

第4章　コスモポリタンな連帯の条件

1．国境を越えた連帯はあるのか？

　本章では，第3章で指摘したベックが自明視していた連帯について検討する．国境を越えた連帯とは実際にどのように考えられるのか．そもそもそうしたものは存在するのか．一体どのような要素が連帯の形成に寄与しうるのか．そうした問いに取り組むことで，国境を越えた連帯の条件について考えてみたい．

　そもそもベックだけでなく，多くの「新しいコスモポリタニズム」についての議論において，コスモポリタンな実践を支える条件としての社会的な連帯は自明視されて等閑に付されていたり，または過度に評価されたりしてきたと言える．エカーズリーが指摘するように，コスモポリタンなプロジェクトの問題の核心は，コスモポリタンな制度を担保する社会的な条件，連帯の存在が十分に問われていないということである[1] (Eckersley 2007: 678)．これについては，日本における数少ないコスモポリタニズム研究でも同様のことが指摘できる．リージョナルな社会政策やグローバル・ガバナンスを模索する具体的な議論はあるものの，それを成立させる社会的な条件を問うような理論的な検討はこれまでなかったのである．

　しかし，これまで研究で自明視され過大評価されてきた傾向があったとしても，コスモポリタンな連帯が全く存在しないと言うことはできない．グローバル化が進展する中で，これまで多くの社会運動が国境を越えて展開されてきた．近年では例えば#MeToo ムーブメントや気候変動へのプロテストなどが記憶に新しい．さらに，グローバルな変革について言えば，2011年の Occupy Wall Street 運動の世界的な波及のように，グローバル資本主義の問題性および限界性に対する認識が世界的に共有され，拡散されていった運動には，一種の国境

を越えた連帯が見出せるだろう．しかし，だからといって実際にグローバル資本主義を制御するシステム構築のため，コスモポリタンな制度を樹立するとして，それを担保するようなコスモポリタンな連帯があるかと言えば，それは難しいと言わざるを得ない．

　そこで提起したいのが，「弱い連帯」と「強い連帯」の2つに連帯を分けて考えることである²⁾．「弱い連帯」とは，問題意識の共有や社会運動によって媒介される連帯であり，グローバリゼーションによる相互依存性の深化で成長しつつある，形のないゆるやかな繋がりである．これはベックの言う世界的なリスクの共有による連帯や，かつてのOccupy運動の世界的拡散のようなグローバル資本主義のあり方に対する問題意識の共有による連帯，またマルチチュードのようなものが具体的に考えられる．「弱い」と言うと，否定的な価値判断が含まれていると捉えられる恐れもあるが，そうした価値判断はなく，むしろ「弱い連帯」はゆるやかな繋がりだからこそ境界を持たず排他的でないため，開かれた空間の中で異なる立場の人々が水平的に繋がることができると積極的に捉えることもできる．

　それに対して「強い連帯」とは，互いの経済社会的な立場や利害の対立を乗り越え，一定の資源を他者に移転し，再分配を行うことを許容するような連帯であると言える．これは齋藤純一の「非人称的な連帯」になぞらえて理解することができる．「非人称的な連帯」とは，見知らぬ人々の間に成立し，社会保障制度によって媒介されるもので，資源の強制的な移転を伴うものである．例えば，社会保険制度では，保険料を拠出するという行動を通じて，労災や疫病といったリスクに直面する人々の生活を物質的に支援するという連帯が形成されるが，その場合人々が自ら連帯する意識がないとしても社会保険という制度を媒介として非人称の連帯が結果として成立すると考えられるのである（齋藤2008: 164-166）．齋藤と同様，武川正吾も，連帯は宙に浮いているのではなく，再分配の諸制度の中で現実化されており，保険料は連帯の証として考えることができるとしている（武川 2007: 50）．

　こうした「強い連帯」は，制度との間に一種の再帰的な関係を持つと言える．制度の存在によって，どういった連帯が前提とされ，成立しているかということが事後的に確認されると考えられているが，仮にその連帯と実際社会におけ

る連帯の間に乖離があると人々が強く感じれば，その制度は修正を余儀なくされるだろう．その制度が成立し続けるためには，そこで前提とされる連帯が人々の間で妥当であるとされ続ける必要があるが，その連帯が妥当であると思われなければ，制度変更が要求されると考えられる．例えば，多くの人々が現行の社会保障が前提とする連帯を，過度な要求をするものと考えれば，社会的給付の切り下げに繋がり，制度全体が前提とする連帯は「強い連帯」でありながらも，やや弱いものへと修正されると考えられるのである．

　この「強い連帯」は基本的に国民国家を前提としており，コスモポリタンなものとして考えることは困難であると思われる．現状として世界規模で再分配を行う社会保障制度は存在せず，制度から連帯を見ることは不可能であり，グローバルな他者に対して資源を強制的に移転するような制度を担保する連帯を構想することは難しい．「強い連帯」が境界線を持たざるをえないことは多くの論者によっても論じられている．齋藤は「非人称的な連帯」は一定の制度的な境界を持たざるをえず，その境界は社会保障を享受する権利と社会保険料の拠出・納税の義務を持つ成員資格によって画されざるをえないとしている（齋藤 2008: 168）．さらに杉田敦も同様の指摘を行っている．地球には巨大な不均衡が存在し，ある境界の中にいる人々は福祉の対象となるのに対して，別の人々は持たないという事態が存在している．確かにある人々だけが対象となるのは確かに不公平かつ恣意的であるが，かといって，誰を対象とすべきかをいつまでも際限なく議論していたら，誰も対象とできなくなってしまうと論じる（杉田 2005: 175）[3]．

　「強い連帯」とは境界を必要とするもので，世界規模で考えるのはやはり困難である．コスモポリタンな「強い連帯」を実現するには，世界政府のような制度が必要なのかもしれないが，それも実現可能性は限りなく低い上に，さらにグローバルな専制政治に転化する危険性もある．だが一方で，グローバル化が進展する中で，国境を越えた「弱い連帯」が形成される例を見てきた．ベックの言うコスモポリタンなリスクコミュニティもその一例であるが，他の例としてあげられるのはグローバルな社会運動である．フユキ・クラサワが指摘するように，「もう一つのグローバリゼーション運動（the Alternative Globalization Movement）」の参加者のような，グローバル市民社会のアクターたちによるト

ランスナショナルな実践からコスモポリタンな連帯が生まれてきたと言える
(Kurasawa 2007)[4]．そして，昨今であれば＃MeToo ムーブメントのようなグロー
バルに形成されたインターネットアクティビズムの存在もある．「強い連帯」
は不可能だとしても，こうした「弱い連帯」をどうしたらできるだけ強いもの
として考えること，「できるだけ強い連帯 (strong-as-possible solidarity)」の可能
性について検討することは可能なのではないか[5]．

2．自然災害で見られる2つのコスモポリタニズム

2-1．人道主義的コスモポリタニズムと帰責コスモポリタニズム

　国境を越えた連帯を「できるだけ強く」するために，どういった要素が重要
なのかについてみていくにあたり，検討したいのが自然災害で見られるコスモ
ポリタニズムに関する議論である．ここで援用したいのが，エカーズリーによ
る2つのコスモポリタニズム――人道主義的コスモポリタニズム (humanitarian
cosmopolitanism) と帰責コスモポリタニズム (culpability cosmopolitanism) ――に
ついての議論である (Eckersley 2007)．彼女は2つのコスモポリタニズムがそれ
ぞれどういった要素によって支えられているかについて論じている．

　人道主義的コスモポリタニズムとは，単純に人権侵害はいけないこと，人間
の尊厳を傷つけるものであるため，または人が苦しむことは誤っており，阻止
されるべきであるため，基本的人権を擁護し，人的被害は軽減すべきという考
えである (Eckersley 2007 : 679)．この場合，他者を支える倫理的な義務を負う
人々とは，その人々の苦境に対していかなる責任を負っているか否かにかかわ
らず，助けることができるという能力がある人々である．この場合，連帯を支
えているのは，第一に，共通の人間性 (common humanity)，つまり我々は同じ
人間であるということ，第二に，ある人々が支援できる能力を有しているとい
うことである．エカーズリーがこの人道主義的コスモポリタニズムの例として
挙げるのは，ヌスバウムの道徳的コスモポリタニズムである．第1章でも触れ
たが，ヌスバウムは，人間はネイションの構成員である前に，まず世界市民で
あるのであり，どこに生まれたにかかわらず，そのヒューマニティは擁護され
る必要があると考える．ここには彼女の徹底した普遍主義が見て取れる．さら

に，ヌスバウムは公的領域における情念の役割を強調してきたが，その中でも同情（compassion）の果たす役割を強調している（古賀 2014）．同情とは，他者の不当な不幸や苦しみを認識することによって喚起される苦痛の感情，「単なる情念ではなく，「他人がひどく悪い目にあっている」という思索を含んだもの」である（Nussbaum 2004＝2010: 62）．ヌスバウムはこの同情によって，共通のヒューマニティが認識されると考えた．

> 人間誰もが同じようなものだという考え方は，感情移入による想像によって強められる．このとき私たちは，自分自身を他人の身に置いているのである．（Nussbaum 2004＝2010: 63）

　ヌスバウムは，特定の宗教やナショナリズムに出会う前に，我々は子供のころに飢えや孤独，痛みを知っていると考える．つまり，人間はみな弱い(vulnerable) 存在であると皆知っていると考えるのである．これに対してコミュニタリアン，例えばマイケル・ウォルツァーは，隣人や同胞に対する共感や愛着がまず先にあると考えるだろう．しかしヌスバウムは，特殊なアイデンティティが，ヒューマニティを擁護する「世界市民」性を否定する可能性を危惧する．人間はみな弱い存在であるということが，遠くの他者の苦しみを思いやるという行為に繋がると考える．通常，私たちの感情は今の自分に近いところに位置づけられているが，同情によって私たちはより大きな人間のグループに自身を繋げて考えることができるようになる（Nussbaum 2004＝2010: 64）．

　これに対して，帰責コスモポリタニズム（culpability cosmopolitanism）とは，グローバルな相互依存が深化する中で，人々は互いに関わりあいながら生活しているため，共有されたルールに従って生きなければならないという考えである．グローバルな経済秩序／構造において，他者に対して危害を与える人々は責任を負わなければならないという考えである（Eckersley 2007）．この連帯の根拠となっているのは，加害者と被害者の間の因果関係である．この因果関係とは，直接的に危害を与える関係だけでなく，危害を生じさせている不公正な社会構造に関与している，その恩恵を受けていることも含む．これに該当するのは，地球上に存在する貧困問題，格差問題を解決するため，富裕国の持つ責任を明らかにし，分配的正義を実現するためのグローバルな制度枠組みを構築す

ることを目指すグローバル正義論のような立場である．例えば，トマス・ポッゲの分配的正義論を例として挙げることができる（Pogge 2008＝2010）．ポッゲは，他者がある個人の行いによって不当に害されないことを担保する義務を「消極的義務」とし，諸個人に便益を与えたり，彼らを他者の危害から守ったりする義務を「積極的義務」と区別した．そして，富裕国の国民は貧困に苦しむ人々に対して「消極的義務」を持つと考えた．

> 彼らが危害を受けているのが，その継続的な形成と強制的な押し付けに我々が物理的にかかわっているひどく歪んだグローバル秩序を通じてであるなら，これは正しい態度ではないだろう．そのような危害が生じさせるのは，単に悲惨な境遇にあり，かつ我々よりも悪い境遇にある人々を援助するという曖昧な積極的義務ではないのだ．単独であれ，他人と結託してであれ，他者に不当な危害を加えないというよりシャープではるかに重大な消極的義務をも生じさせるのだ．そして，この義務が同胞に向けられる場合よりも外国人に向けられる方が弱くなるなどということはまったくないのである．（Pogge 2008＝2010: 213-214）

不公正を産み続けるグローバルな経済秩序を維持，放置することは，遠くの他者が害を受けていることに繋がっているのであり，その秩序の改革は「積極的義務」ではなく，「消極的義務」にあたり，富裕国の市民たちはグローバルな再分配のシステムを構築するべきだとポッゲは主張するのである．

2-2. 2つのコスモポリタニズムの「ジレンマ」

エカーズリーは，この2つのコスモポリタニズムにはあるジレンマが存在すると指摘する（Eckersley 2007: 680）．人道主義的コスモポリタニズムは共感（empathy）や同情（compassion）といった人間の感情の重要性を認識しており，コスモポリタンなものを支えるのに必要な情緒的な要素を把握できている．その一方で，国境を越えた正義を実現するには脆弱で，構造的な解決策にはならない．そのため，グローバルな不正義という構造的な問題にアプローチできない．それに対して，帰責的コスモポリタニズムはコスモポリタンな正義を制度化するための倫理的な議論はできているが，何が市民や国家をそのための制度的変革

へ動機付けるのか，政治的動機付けについて説明していない．つまり，両者とともに何がコスモポリタンな連帯を支えるかについて十分な説明をできていないというのだ．

　このジレンマをどう考えればよいのだろうか．エカーズリーは両方のコスモポリタニズムの弱点を指摘しながらも，人道主義的コスモポリタニズムのより広いコミュニティの形成に繋がるという強みを評価している．帰責的コスモポリタニズムは個人主義的で，凝集的な政治的コミュニティを構想することはできないが，人道主義的コスモポリタニズムは特定のコミュニティに対する帰属感を脅かさない，弱めの社会的紐帯ではあるが，より広いコミュニティを創ることができるかもしれないとエカーズリーは考える (Eckersley 2007: 680)．

　この強みが発揮された例としてエカーズリーが言及するのが，2004年12月26日に発生したインドネシア，スマトラ島沖で発生した地震に伴う津波 (The 2004 Boxing Day Tsunami, the 2004 Indian Ocean earthquake and tsunami) である．この津波は多くの人の関心を集め，かつてない連帯が生まれたと言われている．ここで各政府が約束した支援，個人による寄付は第二次世界大戦後のあらゆる支援にまさるものであったとロバートソンは指摘している (Robertson 2010)．この津波は，グローバル化とは何も関係ない自然災害——つまり，帰責的コスモポリタニズムが想定するような因果関係はない——であるにもかかわらず，援助が殺到した．そのため，この援助は，ヌスバウムが言う人間の普遍的な同情の存在を証明しているとエカーズリーは論じるのである (Eckersley 2007: 608–681)．

　この津波と類似した事例，2000年モザンビークで発生した洪水に対する支援に対して，アンドリュー・ドブソンは正反対の主張を展開している．ドブソンは，この洪水に際して行われたイギリス政府による送金は，「支援 (aid)」として認識されているが，実際には「正義 (justice)」であると論じている．ドブソンによれば，「支援」とは，他者の受苦に際して，それに対して援助する能力を有し，かつその状況に対して何も関わっていない場合に，自発的に行われる適切な対処である．それに対して「正義」とは，他者の受苦が過去の何らかの行為と関係がある場合，つまり因果関係がある場合になされるものであり，これは義務と考えられる (Dobson 2006: 173–174)．ドブソンは，この洪水は地球温暖化の影響であるとも考えられると指摘する．この洪水が地球温暖化と関係が

あるのであれば，地球温暖化の進行に加担しているアメリカやイギリスによる
送金は「正義」と考えられる．そのためドブソンは，因果関係こそが，ヒュー
マニティの共有よりもより確かな繋がりを創り出すことを示す例としてこの事
例を提示しているのである．

　類似した自然災害への援助を，かたやエカーズリーは人道主義的コスモポリ
タニズムの例として捉え，ドブソンは因果関係こそが連帯を形成する例，エカー
ズリーの用語で言えば帰責的コスモポリタニズムの好例として捉えている．こ
のちがいをどう考えればよいのだろうか．人道主義的コスモポリタニズムと帰
責的コスモポリタニズムの両方が成立した例として考えることはできないだろ
うか．両方のコスモポリタニズムの要素——同情と因果関係——が相互の強化し
た結果，国境を越えた大規模な支援が可能になったと考えられるのではないか．

　まず，エカーズリーはスマトラ沖地震に伴う津波はグローバル化とは関係が
なかったと論じているが，本当に因果関係はなかったのだろうか．一説によれ
ば，この津波の被害が大きかった原因にはマングローブの減少があるという．
そして，この減少の原因として考えられているのが，地球温暖化による急速な
海面上昇であるという．もしそうであるのであれば，グローバル化と関係がな
いということではなくなる．しかし，ここでは実際に因果関係があった／なかっ
たという客観的な事実があったがどうかということは問題ではない．人によっ
てある災害の背景にどういった因果関係があるのかという解釈は異なりうる．
そこに実際に因果関係があったのかどうか，それが科学的に証明できるかどう
かをここで議論することはあまり意味がない．それよりも，その因果関係が多
くの人々によって想像され，認識される必要があるのである．そして，その因
果関係を認識，遠く他者との繋がりを想像する契機となるのが，同情だと考え
られる．ドブソンは，グローバル化は因果関係に基づく責任の関係を形成して
いると論じる（Dobson 2006: 175）．しかし，その繋がりはまず想像される必要
がある．災害は遠くの他者への同情を喚起し，人々は人間の根源的なヴァルネ
ラビリティ（vulnerability）を認識し，自己と遠くの他者との見えない繋がりを
想像することに繋がると考えられる．

　因果関係が事実であっても，想像されなければ意味がない一方で，同情もそ
れが一時的な感情であるという弱点を持つ．ヌスバウムは次のように論じてい

る．

　見知らぬ人への苦境のいきいきした話が，その人への強い関心を生み，感
情や援助行動へと至る場合があるとバットソンが指摘する一方で，こうし
た注目は不安定である．例えば，アダム・スミスが皮肉な意見を述べてい
るように，中国で起きた地震の被害者に同情している人でも，自分の小指
の痛みには気をとられればすっかりその感情をなくすだろう．（Nussbaum
2004＝2010：64）

　このように因果関係と同情はそれぞれ弱点を持っており，単体では十分な連
帯を形成できないかもしれないが，この事例では，双方が機能したからこそ，
より強い連帯が形成され，2つの援助が可能になったと考えられるかもしれな
い．確かに，グローバリゼーションは因果関係に基づく責任の関係を創り出し
ていると言えるが，その関係はまず想像され，認識される必要がある．その想
像の契機として，強烈なイメージを提供する災害があり，そこで他者への同情
が生まれ，他者を取り巻くその境遇や，他者と自分を繋ぐ関係性，人間は皆が
脆弱な存在であることが想像されうるのではないか．この遠くの他者の窮状を
想像する力，想像力が同情と因果関係を繋いでいると考えられる．そして，こ
の同情や他者への想像力を醸成する上で重要な役割を果たしうると言われてい
るのが，メディアである．マリア・キリアキドゥは，メディアは「大衆による
コスモポリタンな連帯（popular cosmopolitan solidarity）」の発生を促進しうると
指摘し，その連帯は国外で苦しんでいる人々への義務に対するコンセンサスを
形成することで，国民を世界市民に変容させると論じている（Kyriakidou 2009）．
ベックも同様に，マスメディアを通して人的被害が強力なイメージとして提示
されることにより，我々に何らかの行動を否応なしに強制するようなコスモポ
リタンな同情，共感が生まれ，被害者の立場に自分を置いて考えるという能力
／意欲，「感情的想像力（emotional imagination）」が国境を越えて高められてい
ると指摘している（Beck 2006：6）．

　例えば，2015年に，トルコの海岸で溺死したクルド人男児，アイラン・クル
ディの写真もこの同情と因果関係の双方が機能し，連帯を形成した事例として
考えることができるだろう．この写真が世界中のメディアで扱われたとき，世

界中から共感，同情が集まり，ヨーロッパを難民政策の見直しへと動かした．この年，ドイツは100万人もの難民を受け入れたと言われている．この時，多くの人々に共有されたと考えられるのは，①このような悲劇を同じ人間として放置できないという思い（共通の人間性の認識，共感・同情），②これまで難民問題を放置してきた責任の認識（因果関係の認識）であると考えられる．

　しかしこうした想像力や連帯の可能性はあくまで限定的なものに留まると考えられる．遠くの他者に対する感情的一体化や因果関係，想像力は，津波や洪水の犠牲者へのサポートを推し進めるようなコスモポリタンな連帯を形成してきた．こうした要素は確かに，「弱い連帯」を形成するものとして考えられる．しかし，これらはグローバルな不平等といった，より構造的な問題に取り組むにあたっては不十分であると言える．自然災害に対するグローバルな対応は「弱い連帯」の好例といえるかもしれないが，このモデルはすべてに適用できるわけではない．なぜなら，災害とは，復興・再建を通じていつかは終わることが期待されており，一時的な状況だと理解できるが，我々が直面するグローバル不平等や不正義，不寛容といった問題は一時的な問題ではなく，継続的かつ集合的な対処を必要とする問題であるためである．上で言及した難民問題はまさにそうした問題の一つである．クルド人男児クルディの写真は，一時は世界中から同情を集め，政策転換を実現させたが，その効果はあくまで一時的なものとなってしまった．2021年にも，ノルウェーの海岸でクルド系男児の遺体が発見されたが，クルディの写真のような関心を集めることはなかった．

　災害の場合，そのコミットメントがその場限りで一時的だったとしても，ある程度被災地の復興や支援に貢献すると考えられるだろう．その「弱い連帯」はすぐ消えてしまうものであったとしても，少なくともその連帯が大規模な支援に繋がるとすれば，意味のあるものであると言える．しかしながら，グローバル資本主義をより公平にするための改革は，その場しのぎではなく，継続的なコミットメントが必要となる．グローバル資本主義に取り組むためには，災害時に顕在化したコスモポリタニズムで見られた連帯では不十分であり，よりそれを強いものとする必要があると考えられる．

3．連帯と感情

3-1．コスモポリタニズムと感情

　連帯を「できるだけ強い」ものとする上で，次に検討したいのが，エカーズ
リーもヌスバウムも肯定的に論じていた感情についてである．国境を越えた連
帯を形成する上で，感情はどのような役割を果たすのだろうか．そもそも感情
は本当により大きなコミュニティの形成や連帯の醸成に寄与するのか．そうし
た問いについて考える．
　元来コスモポリタニズム，特に古典的なコスモポリタニズムでは，感情的な
ものは乗り越えなければならない対象とされてきた．典型的にはコスモポリタ
ニズムは，ナショナルなコミュニティへの同一化といった「熱い (hot)」感情
とは対照的なもの，冷めた(cool)，冷静な理想として考えられてきた(Nash 2003)．
グラハム・ロングも論じるように，物理的により近くにいる他者やコミュニ
ティに対する感情的な結びつきは，遠くの他者に対しても等しく関心を持つべ
きだというコスモポリタンな理念に対する障害となると考えられ，ナショナル
な制約や愛着から解放されたコスモポリタンこそが望ましいとされてきた
(Long 2009 : 327)．
　しかし，近年の再興隆しているコスモポリタニズムをめぐる議論では，感情
がむしろ肯定的に評価されることが少なくない．ここで主に言及される感情と
は，「遠くの他者 (distant others)」の身になって，その痛みや苦しみを自分のも
ののように感じる，同情 (compassion) や共感 (empathy) のような心の働きであ
り，そうした感情がコスモポリタンな連帯を形成する可能性が近年注目を集め
ている．
　感情はなぜ再評価されているのか．それには大きく分けて2つの背景がある．
第一には，コスモポリタニズムに関する動機付けの問題である．コスモポリタ
ニズム，中でも政治的なコスモポリタニズムは，道徳的な要求が非常に高い一
方で，その動機付けについて十分な答えを出してこなかったと批判される中で，
感情が遠くの他者に対する義務の履行に対する動機付け，国境を越えたコミュ
ニティや連帯の醸成において果たしうる役割が注目されるようになった (Long

2009）．前章でも参照したが，ロビン・エカーズリーが指摘するように，政治的なプロジェクトとしてのコスモポリタニズムでは，倫理的な議論を強調する一方で，どのような社会的状況／条件がそれを成立させうるのかについての検討を軽視してきた（Eckersley 2007）．そのような反省から，コスモポリタニズムな連帯とはいかに形成されうるのかが考察される中で，感情が持つ可能性が注目されるようになったのである．

　感情の中でも同情や共感といった感情は，コスモポリタンなコミュニティや普遍的に共有されるヒューマニティを認識する想像力に繋がると考えられ，しばしば肯定的に論じられる．例えば，マーサ・ヌスバウムは，人間はネイションの構成員である前にコスモポリタンであり，どこに生まれたかにかかわらず，そのヒューマニティは擁護されるべきと考える．彼女のこの考えを理解する上で重要なのが，同情の果たす役割に対する肯定的な評価である．古賀敬太も論じているように，ヌスバウムは公的領域における情念の役割を評価してきたが，その中でも同情の役割を強調している[6]（古賀 2014）．ヌスバウムは同情を通じて，私たちが自分自身を他人の身に置き，感情移入することで，「人間誰もが同じようなものだ」という考えが強められ，国境を越えて共有されるヒューマニティが認識されると考える（Nussbaum 2004＝2010: 63）．通常，我々の感情は近いところに位置づけられているが，その我々をより大きな人間のグループに結びつける潜在能力が，同情にはあると考えられている（Nussbaum 2004＝2010: 64）．

　ロングも同様に，遠くの他者に対する義務の履行は，共通のヒューマニティを感じること（a *feeling* of common humanity），受苦者（sufferer）に対する感情的な反応によって支持され，促進されると考える．遠くの他者を思いやること，同情することは，我々の責任を認め，何かしらの行動を起こすための理由を生むと論じる（Long 2009: 331）．この根底にあるのは，感情と道徳性の不可分性の認識であり，これが感情が評価される第二の背景である[7]．ロングは，感情は道徳的な思考と，それに基づく行動に深く関係していると論じている．例えば，恥辱や罪悪感，怒りを抱くことは，個人の不道徳性への反応であると考えられる（Long 2009: 328）．さらにロングは，感情には我々の価値体系を再構成する可能性があると指摘する．感情は，コスモポリタンな責任／義務を実現するた

めに不可欠な，我々のコミットメントと価値の枠組みの問い直しを可能とする（Long 2009: 331-332）．ケリー・ウッズも同様に，遠くの他者への義務を正当化し，動機付けるという過程において，感情は重要な役割を果たすのであり，道徳性を考える上で感情を切り離すことはできないと論じている（Woods 2012: 35）．

　このような背景——動機付け，道徳性との不可分性——から，コスモポリタンな連帯を構成する要素の一つとして感情は肯定的に論じられてきた．しかしながら，感情を連帯と結びつけて考えることは，ともすると危うい営為になりかねず，慎重な議論が必要だと強調する必要がある．特に同情については，かつてハンナ・アレントが，「政治的には，結果をもたらさない，意味のないもの」（Arendt 1963: 86）と指摘していたことがよく知られるように，批判的に捉えられることが少なくないだけでなく，「単に不十分であるだけでなく，罠」（Johnson 2011: 622），「諸刃の剣」（Woods 2012: 40）とも言われており，無批判に肯定することはできない．確かに，受苦（suffering）に対する感情的な反応は，遠くの他者に対する見えない繋がりや責任を認識させ，何かしらの行動を引き出すかもしれない．しかし，感情を強調する手法は，「他者」を非人間化し，「他者」を取り巻く窮状を非政治化するだけでなく，「私たち」と「遠くの他者」の間の非対称的な権力関係を再生産する可能性があるのである．

3-2.「人道的感情主義」批判

　遠くの他者への連帯や支援は，コスモポリタニズムよりも，概して人道主義の名の下で推し進められてきた．人道主義は，メディアを通して受苦のイメージを発信することで，同情や共感といった感情を「北」，北半球に偏在する先進国の人々の間に喚起するという手法を用いてきた．そうした感情の喚起と結びついた欧米的な人道主義を「人道的感情主義（humanitarian sentimentalism）」と呼び，その失敗について論じているのがフユキ・クラサワである（Kurasawa 2013）．人道的感情主義とは，「南」の受苦者に対する共感（sympathy）や嫌悪（repugnance），憐憫（pity）や高潔さ（nobleness）といった感情を，「北」の聴衆に引き起こそうとする物語や視覚に基づいたメカニズムである．この感情主義は，南北間のグローバルな不均衡という構造的な問題に取り組むため連帯の形成を

阻害しているとクラサワは指摘する (Kurasawa 2013: 202–203).

　クラサワは,「南」の人々の受苦を感傷の対象にすることは, そうした受苦に対する西洋社会の無関心を部分的には切り崩すかもしれないが,「北」の人々の意識を再生産, さらには補強するため,「北」と「南」という階層的な関係を再生産する可能性があると指摘する (Kurasawa 2013: 202). 遠くの他者に対して同情し, 高潔な (noble) 感情——「彼ら」を救済する「我々」の偉大さ——を抱くということは, 政治的には「薄い (thin)」関わりあい方であり,「彼ら」が文明的に劣っていると信じる硬直的な態度や,「彼ら」を厳しい貧困や社会的／経済的疎外の状況に追いやっているトランスナショナルな制度そのものを改革しようとはしない態度とは必ずしも矛盾しない. 支援を通して「富める高潔な者としての責任」を果たすという行為は, グローバルな権力関係を不問に付すだけでなく, むしろ「北」の人々の道徳的な性格や感情が持つ「本質的な善」を証明し,「与える者」／「受け取る者」という階層的な関係性を揺るぎないものとして再生産する可能性がある[8].

　この階層的な関係の再生産を可能にしているものこそが, 感情主義であるとクラサワは論じる. 実質的なグローバルな平等への取り組みを避け, そのヒエラルキーを維持しながらも, 遠くの他者の窮状に対して即座にかつ大規模に対処すべく, 西洋の世論を動員するという難題を実現するため, 道徳の文法が感情化されてきたという. 感情主義は, 他者を切迫した状況にある犠牲者として描き, 西洋の聴衆の憐憫や共感, 同情といった理屈ではない感情に訴えかけることで, 国境を越えた繋がりを創ることを目指すが, それは構造的な不平等の解決には結びつかない (Kurasawa 2013: 204–205). 感情化において重要な役割を果たすのは, 物語と視覚的なイメージであり, 中でも視覚的イメージは, 道徳的／感情的な想像力をかき立てる突出した能力を持つため, 聴衆による支持を獲得, 確保, 拡大するための必須の道具として使われてきた. 窮状を映し出す静止画／動画を見ることによって人々は, そこで描かれた受苦を生きられた経験として再構成し, 自らを彼らの境遇に置いて想像してみることで, 感情的に一体化すると考えられてきた (Kurasawa 2013: 206).

　こうした視覚的なイメージに依存する感情主義の戦略は, 窮状への対処を非政治化するとクラサワは論じる. 感情化された文法は, 受苦の光景を, 理屈抜

きで感情を突き動かすように，そしてそれが単に他者を思いやるだけで解決するかのように描き出すことによって，その窮状を生み出しているメカニズムを後景に退かせる．さらに，憐憫や共感といった感情は，他者に対する民族—文化的，人種的なスティグマ化を阻止するどころか，西洋の人々が自らをより道徳的に優れた，社会文化的に進んだ存在であるという意識を再生産，さらには補強するため，グローバルな不平等の構造という問題は不可視化されると論じる（Kurasawa 2013: 205）．アレントが同情を批判する根拠の一つも，この非政治化の機能にあった．同情は他者の受苦を自分のことのように感じさせ，肉体的に打ちのめすことで，人と人の間にあるあらゆる距離を消滅させる．また同情は，言葉よりも身振りや顔の表情に表れ，説得や討議，妥協といった政治にまつわる「退屈な過程」を避け，政治的な空間を崩壊させるのだ[9]（Arendt 1963: 85–87＝1995: 128–129）．

　視覚的なイメージを用いて同情を喚起する手法は，「彼らの痛みを感じる」といったように共感的に一体化をした気になるという，非常に安易な感覚を発達させるだけに過ぎないかもしれないとクラサワは指摘する（Kurasawa 2013: 210）．「理屈ではない感情」を引き出すために用いられるのは，より絶望的かつショッキングなイメージ，例えば，衰弱した子供のイメージである．そこで強調されるのは「彼ら」の「動物性」であり，なすすべもなく，絶望の淵で苦しむ「生き物」として「彼ら」は描かれ，それを「我々」が同情や憐憫の対象にするとき，そこには自律的で理性的な「北」の人々と，非自律的で依存的な「南」の人々という図式が浮かび上がる（Woods 2012: 42–43）．リリー・チョウリアラキも問題視するように，衰弱した子供のイメージによって憐憫のような感情を喚起する政治は，遠くの他者を非人間化（dehumanize）し，「西洋とそれ以外（the West and the Rest）」の権力関係を問題化するというよりも，むしろ前提としてきたともいえる（Chouliaraki 2011: 368; Silverstone 2006）．さらにここでは，それぞれの受苦が持つ複雑な歴史的，政治的，社会経済的文脈は不可視化され，単純化，均一化され，よくあるシナリオのように描かれる（Kurasawa 2013: 210）．他者自身の声は軽視され，その受苦が持つ複数の真実（many truths）は覆い隠され，そこにはあたかも特定の真実（the truth）——「我々」の関心や同情を集めるために選択的に構築された像——しか存在しないかのように表象

される（Chouliaraki 2011 : 368 ; Gould 2007 : 161 ; Kurasawa 2013）.

　受苦や悲劇のショッキングなイメージや感情的想像力を過大評価すべきでないもう一つの理由は，それがもたらす効果は限定的なものであるためである．先ほど挙げたクルディの写真のケースをもう一度思い出してみよう．確かにあの写真は一時的に連帯をつくりだした．しかしその影響は一時的なものに留まったのであり，グローバルな「北」にただ消費されたとも言えるかもしれない．さらにこうしたイメージは我々を「難民の悲劇に対する麻痺状態」に陥らせているかもしれないとバウマンは指摘している（Bauman 2016 = 2017）．バウマンによれば，今や難民の悲劇疲れと言えるような事態が存在し，日常の退屈なルーティンとなっている（Bauman 2016 = 2017）．前述したように，クルディの写真は同情と因果関係が連帯を形成した例として考えられるが，同時にグローバルなメディアの逆説的な帰結を示している．グローバルなメディアが受苦を扱い，我々の関心や支援を集めるために，救いようのない辛いイメージを使えば使うほど，我々はそれに慣れていってしまう．メディアはコスモポリタンなコミュニティを形成していると考えられることもあるが，悲劇，災害，危機のイメージの氾濫は実際にはそうしたコミュニティの形成には寄与していないかもしれない．世界の各地で「非常事態」が頻発し，次から次へと関心の焦点が移り変わる．それが日常の風景となる中，無関心でいることは難しくないのかもしれない．

3-3.「我々」と「彼ら」の関係

　感情を強調する手法は，窮状への対処の非政治化，他者表象の非人間化を招き，「我々」と「彼ら」の間の非対称的な権力関係を変革しないどころか，再生産する可能性があり，この場合，感情は連帯の基盤になるどころか，連帯を阻んでいるとも言える．このような感情主義の罠をふまえ，できるだけ強い「弱い連帯」についてどう考えられるだろうか．そこで参考になるのが，ロジャー・シルバーストーンの「適切な距離（proper distance）」という概念である．本章では，これをキー概念にしながら，「我々」は「彼ら」とどのように関係を取り結ぶべきなのかについて考える．

　そもそも「距離」を乗り越えることは，しばしばコスモポリタニズムの一つ

の狙いとされてきた．同情のような感情が肯定的に評価されるのは，他者の痛みを自分のことのように感じ，他者に対して想像的に同一化し，自己と他者の間に横たわる道徳的な距離を消滅させることが望ましいとされている証左であろう．アンドリュー・リンクレイターは，グローバル化によって相互依存が深化し，メディアが遠くの他者の窮状に対する認知度を上昇させる一方で，「距離」は変わらず国民国家を超えた連帯の拡大を阻み続けており，「距離の専制（tyranny of distance）」が依然として強力であると指摘する（Linklater 2006: 109）．古典的なコスモポリタニズムの狙いの一つは，「距離の専制」を乗り越え，人々を「世界市民」にすることにあったが，このような企図は絶えず批判の対象となってきたのであり，特にコミュニタリアンたちはナショナリティによる繋がりか，それに匹敵するものこそが強い連帯への鍵であると批判してきた．しかしリンクレイターは，国民国家社会間の隔たりを架橋することは存外難しくないかもしれないと考えている．なぜならば，恥や罪悪感，同情が「コスモポリタンな感情」となり，連帯を形成すると考えるためだ（Linklater 2007: 33）[10]．リンクレイターに限らず，道徳的な距離を乗り越えることは望ましく，目指すべきものとする議論は未だに根強く，さらにその克服に感情や，共感的な同一化が一役買うとする立場は少なくない．

　確かに，グローバル社会における責任や義務を考えるなかで，道徳的距離は乗り越えるべきものだという結論に至るのは自然な帰結かもしれない．しかし，シルバーストーンが強調するように，「適切な距離」について考える必要があるのだ．我々は近づく必要があるが，近づき過ぎてはならず，距離を保つ必要があるが，遠ざかり過ぎてはならないのである（Silverstone 2003, 2004: 444）．換言すれば，同情のような想像的な同一化によって距離を消滅させ，「私は彼らと同じだ」と考えるのは傲慢であり，他者に対する理解の限界性を認めなければならないが，同時に，他者を完全に理解するのは不可能だったとしても，理解する努力自体を放棄し，冷笑的な態度を取り，自ら遠ざかってはならないのだ．この「適切な距離」には，先の感情主義で暗黙のうちに前提とされていた「我々」と「彼ら」，それぞれの存在を問い直すとともに，支援者としての「我々」／被害者としての「彼ら」という固定的かつ階層的な関係を見直すことが必要である．

　具体的には，大きく分けて２つのことが求められる．第一に，「彼ら」のエージェンシーを認め，窮状を取り巻く複雑さを理解するためには，「我々」は「彼ら」の声に耳を傾ける必要がある．そして，「我々」が「彼ら」の窮状を完全には理解することができないという限界性を認識することが重要なのである．[11] その限界性を認めた上で，「彼ら」自身の視点やエージェンシーを尊重する必要がある．ジェーン・オーサーズが論じるように，「我々」は共感の対象として受苦者／犠牲者を覗き見しながら，西洋の強力な視点を押し付けるのではなく，「彼ら」自身のエージェンシーや視点を認識するべきである（Arthurs 2012: 142）．「彼ら」に手を差し伸べる「我々」という特権化を行いながら，「彼ら」を貧しく無力な存在という典型的なステレオタイプの中にはめ込むのではなく，「彼ら」を主体として見る必要がある．チョウリアラキが論じるように，遠くの他者の表象は，様々な声を含んだより複雑なもの，さらに言えば，不快（discomforting）なもの——「我々」に自己陶酔的な心地よさを生まないという意味で——である必要がある（Chouliaraki 2011: 374–376）．チョウリアラキもクラサワ同様，最終的にはグローバルな政治的変革を志向するが，そのための連帯は，遠くの他者をめぐる既存の表象的実践を見直すことから生まれるとしていて，その見直しは一見些細なものに見えるが，極めて重要なことであると論じている（Chouliaraki 2011: 376）．

　また，「我々」が「彼ら」を同じ存在だと考えるとき，西洋のものさしを押し付けている可能性があることを注意する必要がある．チョウリアラキらも言及するように，「同じ」である根拠として持ち出されることも多い「共通のヒューマニティ（common humanity）」は，西洋の人間（human）概念に依拠しているのであり，普遍というより特殊なものだと言え，それを本質的な共通性として訴えることは，歴史的・文化的多様性を認めず，排除を生み出す象徴的暴力だとも言えるのだ（Chouliaraki and Orgad 2011: 342–343）．「共通性」によって他者を理解した気になり，知らず知らずのうちに西洋の視点を押し付けるのではなく，他者の声に耳を傾ける必要がある．

　第二に必要なのは，「我々」の存在とその自明性を問い直すことである．コスモポリタニズムは，いかに「我々（we）」の境界を広げ，より大きなコミュニティにつくるのかという方に意識が向かいがちだが，その前に，「我々」の

自明性を問い直し，「我々」がどのような存在か反省的に見つめなおすことが必要である．「我々」／「彼ら」関係においては，「彼ら」は依存的で弱い存在だと見なされるのと同時に，「我々」は自律的で独立した存在であるという前提が暗黙のうちに置かれていたが，ウッズも論じるように，遠くの他者の表象だけでなく，「我々」の存在を見つめなおし，「我々」自身が持つヴァルネラビリティを認識することが重要なのである（Woods 2012: 43-44）．「我々」もヴァルネラブルな，弱い存在であるということは，人道支援のキャンペーン等で見られる「遠くで苦しんでいるこの人は弱い存在だけれども，あなたはちがうから，あなたには支援する義務がある」というようなロジックの下で，しばしば不可視化される．そうではなく，「あなたはその人と同じように弱い存在だから，支援すべきだ」とするべきだと，ウッズは論じるのである（Woods 2012: 44）．もちろん，人によってヴァルネラビリティを経験する機会や程度には個人差があるだろうし，一義的かつ固定的な概念としてヴァルネラビリティを考えてはならない．しかし，あくまで「薄い（thin）」意味で共有されたヴァルネラビリティは，連帯を形成するのに必要な想像的な営みを可能にすると考えられるのだ（Woods 2012: 43）．このような考えは，フェミニズムにおけるケアの倫理の議論にも接近していく．つまり，少なくとも人生のある時点において，ヴァルネラブルであること／依存的であることは，すべての人間に共通するのである．遠くの他者は自律的でないのに対して，「我々」は自律的な自己であるという前提を切り崩し，「我々」自身が自律的で独立した個人ではなく，他者に一方的に依存する存在として生まれてきた現実を見つめなおす必要がある（Kittay 1999＝2010；岡野 2012）．

　「彼ら」のエージェンシーを認めるとともに，「我々」が自身を脆い存在であると認識することは，支援を行う「我々」対支援を受ける「彼ら」という階層的な関係性を切り崩し，より平等な関係性の構築に繋がる可能性がある．ただ，ここで再び強調すべきは，「我々」が自らのヴァルネラビリティを認めたとしても，「我々と彼らは同じだ」という結論に飛びつき，西洋のヴァルネラビリティ概念を押し付け，「彼ら」の窮状を取り巻く複雑性や差異を消し去ってはならないということである．そうした意味で，ヴァルネラビリティのような共通性は，固定的で普遍的なものではなく，あくまで「薄い」ものに留まる必要

がある．共通性は，コンテクストによってその意味する内容は異なりうるもの，批判的・反省的再構成に対して常に開かれたものとして考えられる必要があるのである．

　遠くの他者の苦しみを自分のことのように感じ，「彼ら」と「我々」の道徳的距離を消滅させることは，一見コスモポリタンな連帯をつくりだすように見えるかもしれないが，そこには罠があることを理解する必要がある．感情を過度に強調することは，その窮状の背後にある構造的な問題を不可視化するだけでなく，遠くの他者の行為者性を否定し，「我々」と「彼ら」の間にある非対称的な権力関係を再生産する可能性がある．この場合，感情は連帯の基盤ではなく，むしろ連帯を阻む障壁になっていると言える．

結　　　び

　本章では，連帯の条件について検討し，どのような要素が国境を越えた連帯の形成に寄与するかについて検討してきた．コスモポリタンな連帯を国民国家における連帯のように「強い」もの——資源の移転や再分配を可能とするもの——として考えることは困難であるが，ゆるやかな繋がりである「弱い連帯」を「できるだけ強いもの (strong-as-possible)」として考えることはできる．

　そして，その「弱い連帯」を強化する要素を検討するにあたり，災害支援において見られるコスモポリタニズム，エカーズリー (Eckersley 2007) による2つのコスモポリタニズム，人道主義的コスモポリタニズム (humanitarian cosmopolitanism) と帰責コスモポリタニズム (culpability cosmopolitanism) を検討した．その検討を通して，2つの要素——同情と因果関係——が自然災害における国境を越えた連帯を形成し，災害支援を実現した可能性を指摘した．ただ，災害支援において同情と因果関係は確かに国境を越えた繋がりを形成し大規模な援助を可能としてきたが，この連帯は時間とともに消滅してしまう．グローバルに共有された問題は，継続的かつより集合的な対処を必要とするため，すぐに消滅する「弱い連帯」では不十分である．

　そこで，連帯を「できるだけ強い」ものとする上で，改めて検討したのが，そもそも感情はより大きなコミュニティの形成や連帯の醸成に寄与できるのか

ということであった．感情は「新しいコスモポリタニズム」の中でしばしば肯
定的に論じられてきた．感情は，コスモポリタニズムが抱える動機付けの問題，
道徳性との不可分性という点において潜勢力を持っているともいえるが，その
潜勢力を引き出すためにも，まずは，他者との間に「適切な距離」を保つ必要
があることを理解しなければならない．感情的な一体化を過度に強調するので
はなく，我々は「同じ」であると同時に「異なる」存在であることを認識する
必要がある．「我々」は「彼ら」と同じだという一方的な理解を押し付けるこ
とは，「彼ら」を理解しようとする試み自体を頓挫させるだけでなく，「我々」
と「彼ら」が有するゆるやかな共通性をも不可視化してしまう可能性がある．
こうした「我々」／「彼ら」の関係性を問い直すことから，グローバルな政治
的変革を支えるコスモポリタンな連帯の思索は始まり，「弱い連帯」を少しで
も強く，安定的なものにすることに繋がると考えられるのである．

注

　1）こうした社会的連帯を軽視する批判は，コスモポリタン・リベラルと言われる立場へ
　　の批判としばしば結びついている（Calhoun 2002b, 2003a；Eckersley 2007）．コスモポ
　　リタン・リベラルの代表的論者とされているのは，道徳的なコスモポリタニズムを論じ
　　るヌスバウム，コスモポリタン民主政を提唱するヘルド，憲法的愛国主義を論じるハー
　　バーマスなどである．カルフーンは，そうした議論は，古典的なリベラリズムの弱点を
　　そのまま継承し，人間の生活を構成している社会的な連帯や文化の役割に関する説明を
　　欠いているとして批判する．具体的な社会関係や文化から生まれる連帯に目を向け，コ
　　スモポリタニズムを成立する社会的条件について議論するべき指摘する（Calhoun 2002
　　b, 2003a）．

　2）本章における連帯とは，個人に対してある一定の関与を要求しうるような繋がりと定
　　義でき，その繋がりの強度によって要求可能な関与の水準が変わると考えられる．その
　　繋がりが強ければ，再分配制度を共有し，互いに負担し，支えあうという互酬性を備え
　　たシステムを構築できる．もしその繋がりが弱いものであれば，再分配のようなシステ
　　ムは構築できなかったとしても，何かしらの問題を共有し，その問題のために共に考え
　　行動するといった関与は可能となると考えられる．

　3）また，デイビッド・ミラーも，再分配が成り立つのはナショナルなレベルにおいての
　　み存在する不遇な者に対する強い共感，強い共通の帰属意識があるためであるとしてい
　　るように，「強い連帯」が成立するのは国家というレベルであり，そのレベルを超える

ことは非常に困難であると言える（Miller 1995＝2007）.

4）こうしたグローバルな社会運動は，西洋のエリートによって行われており，実際には欧米的な普遍主義を広めるものとして機能していると批判されることがある．パルタ・チャタジーは，こうした運動の原理は近代主義的で，究極的には個人の尊厳や市民社会といった世俗化されたキリスト教的倫理を世界に広めるものであり，非西洋世界の政治社会における実践を評価できないとして批判している（Chatterjee 1998）.

5）この「できるだけ強い（strong-as-possible）連帯」という言葉は，ホルトンとターナーからきている．ホルトンとターナーはこの「できるだけ強い」連帯という言葉を階級理論の分析において用いている．後期近代において，階級による連帯は弱体化しつつあるが，消滅しているわけではない．強い／弱いといった言葉よりも，中間の，もしくは「できるだけ強い（strong-as-possible）」という言葉を階級理論で用いる必要があると論じた（Holton and Turner 1989：121）.

6）ヌスバウムは同情と共感を区別する．共感は他者の経験を評価せずにそれを想像的に再構成するため不十分だが，それに対して同情は，人の苦しさの「大きさ」の評価を含むものであり，他人の不当な不幸や苦しみを意識することで引き起こされる苦痛の感情であると考えられている（Nussbaum 2004＝2010：62）.

7）ヌスバウムが同情を評価する背景にもこの不可分性があると言え，同情を理性と密接に関わり，複雑な判断によって構成された，変化に富んだ認知的な構造を持つ感情だと論じている（Nussbaum 2001）.

8）クラサワが論じるように，西洋の人道主義は19世紀の帝国主義や植民地支配とも深く関連している．植民地主義的な文明化のミッションは，しばしば人道主義的な「白人の責務」として正当化された．このような考え方は戦後の脱植民地化に伴い否定されるようになったが，彼が強調するのは，社会—文化的，民族—人種的なヒエラルキーは，西洋人の抱く社会的イメージの中に根強く，ほぼ手付かずのままに残っていることである（Kurasawa 2013：204）.

9）このアレントによる同情の議論は，第2節で言及したヌスバウムの議論と対立するものであると言えるが，ジェームズ・ジョンソンは，結局このアレントによる「政治的には無意味だ」という批判から，ヌスバウムは同情を救い出せていないと論じている（Johnson 2011：629-630）．この両者の議論の比較について，詳しくはJohnson（2011）を参照されたい.

10）リンクレイターは，多くの論者が同情のみがコスモポリタンな行動を引き出しうると論じていることを批判し，罪悪感（guilt）や恥（shame）がより大きな連帯を形成する可能性に目を向ける必要があると指摘している（Linklater 2007：26）.

11）この「彼ら」の窮状を理解することにおける限界性については，スーザン・ソンタグ

による戦争写真に関する考察がよく知られていると言える．ソンタグは次のように論じる，「「われわれ」——この「われわれ」とはこの死者のたちの体験のようなものがどのようなものであったか，本当には想像することができない．戦争がいかに恐ろしいか，どれほどの地獄であるか，その地獄がいかに平常となるか，想像できない．あなたたちには理解できない．あなたたちには想像できない」(Sontag 2003＝2003 : 126-127, Sontag 2004 : 125-126).

終　章　反省的自己変容
——よりよい共生のための規範——

1．共生＝日本版コスモポリタニズム？

　本章では，ベックが回避していた規範的な問い，他者とどう向きあうかという問いに取り組む．これは，「新しいコスモポリタニズム」が直面した理論的行き詰まりを打破するための取り組みでもある．ベックのコスモポリタニズムがはらむ問題を克服し，同時に「新しいコスモポリタニズム」の理論的行き詰まりを打破するためには，他者とのよりよい共生の実現のためにはどのような規範が必要かについて検討することが求められるのである．そこで本書で論じたいのは反省的自己変容（reflexive self-transformation）という規範である．

　この反省的自己変容の重要性を論じる上で，批判的に検討したいのが共生という概念である．共生は日本生まれの概念であり，差異を包摂した共存だと考えられ，肯定的な概念として用いられることが多い．花崎皋平によると，「共生」ブームは1980年代中頃から始まり，様々なコンテクスト，例えば，自然との共生，多文化共生，アジアとの平和な共存といった文脈においてスローガンとして活用されてきた[1]（花崎 2002: 132）．

　ヨシオ・スギモトは，この共生という思想は，日本版のコスモポリタニズムとして考えられると論じている．

　　共生は，コスモポリタニズムという西洋の概念に最も近い日本生まれの思想であると言える．大まかにいえば，日本におけるコスモポリタニズムは，共通の価値や権利を共有するため，ナショナル，エスニック，社会的な境界を越えることで，グローバル／ドメスティックな社会的な生活において，多くの文化的なグループの共存を促進したいという思いとそれをめぐる実

　　践としてつくられてきた．(Sugimoto 2012：454)

　確かに，共生はコスモポリタンな思想に見えるかもしれないが，本当に日本
版コスモポリタニズムとしてよいのだろうか．その場合，共生を過大評価して
いないだろうか．なぜなら，共生や多文化共生という言説は，しばしば無意識
のうちに，無批判に「私たち」，「普通の日本人」マジョリティと「彼ら」，マ
イノリティ，「外人」という二分法を前提とし，その二者の間に固定的な境界
を画していることがあるためである．また，共生は，「私たち」によって理解
され，受け入れられる対象としての「他者」，「彼ら」を前提とし，そうした人々
は国境の外からきた人，遠くの他者，文化的な他者として想定されている．

　外国人住民や労働者が増加するにつれ，多文化共生が重要だと叫ばれること
が年々増えているが，そうしたときにはしばしば「日本はもはや単一民族国家
ではない」と言われることがある．しかしながら，そもそも日本は単一民族国
家ではなく，日本にはこれまでも琉球，アイヌ，朝鮮の人々，植民地主義との
関連で統合された人々やその子孫だけでなく，戦後の南米からの移民やその子
孫など，様々な文化的背景を持つ人々が存在してきた．ネイションに内在する[2]
差異は，「普通の日本人」，マジョリティ国民たちによって無視されてきたので
ある．こうした内的な差異の無視，同質的な「私たち」という前提とは，共生
という考えにも垣間見える．

　多文化共生はしばしば，「日本人」／「外国人」という二分法を前提とし，
その間の境界を無批判に前提としていると言える．多文化共生は日本版多文
化主義とも言われるが，このような傾向は多文化主義にも見られてきた．多文化[3]
主義はマイノリティ集団の権利を擁護し，文化的アイデンティティを尊重しよ
うとするため，しばしば多文化主義はそれぞれのエスニック集団の内部を同質
的なものと捉え，集団間の境界を固定的なものとしてしまうのである (河合編
2016：2-3)．

　これまでも，差異を個別化，本質化し，各エスニック集団を同質的で閉じた
ものとして想定する多文化主義に対する批判は存在してきた．多文化主義は，
個々の言語や習俗を守り，公的制度として確立するため，差異を個別化，本
質化しようとする傾向がある．しかし，それぞれの文化的集団の内部を同質的

だと考え，それぞれは明確に区別されるという想定には問題がある．こうした文化的な他者の差異を本質化し，同時にマジョリティも固定的で同質的な集団と考えることが問題なのである．こうした問題意識から提起されていたのは，例えば「内なる多文化主義（'multiculturalism within'）」であった（モーリス・スズキ 2013［2002］）．

　多文化共生やグローバル共生といった言葉が前提とする他者とは，国民国家の外にいる他者や国民国家の外からやってくる文化的他者であり，「わたしたち」，「日本人」というマジョリティとは切り離された存在であることが多い．日本という共同体の内部にいる他者は忘却または軽視され，日本人という主体／自己は固定的で同質的なものとして捉えられている．そうした「内なる」他者を想起し，出会い直す必要がある．忘れ去られた他者や出会い損ねた他者を想起することが必要なのである．冨山一郎も同様に，想起とは，内在する他者と出会い直すことであり，「語りだされる言葉たちが担うのは，「私とはどのような人々であろうか（長崎浩）」という問いであり，想起される自己の経験の中には，すでに他者との関係が内在している」と論じる（冨山 2013: 368）．そうしたその想起，出会い直しによって，「日本人」を固定的で静的なカテゴリーとしてではなく，多元的でハイブリッドなものとして捉え直す．同じ起源，同じ言語，同じ文化を分け持つ日本人の民族的同質性というイデオロギー，神話を切り崩し，「私たち」／「彼ら」や「日本人」／「外人」の境界を揺るがし，「私たち」，「日本人」をより包括的なものとして想像し直し，自己理解／他者理解を変容させていくこと，「反省的な自己変容」が重要なのである．

2．自己変容を前提とする批判的コスモポリタニズム

　エスニック集団を同質的なものとして想定する多文化主義への批判は，多文化主義をコスモポリタンな視点から再考することや，コスモポリタニズムへの議論に結びつくことがある．例えば，デランティは，エスニックな集団は内的に同質的であり，支配的な国民社会とは切り離されているという西欧のリベラル多文化主義の前提を問題化している（Delanty 2009: 142）．そしてそれだけでなく，以下2つの趣旨を含んだコスモポリタンな多文化主義（Delanty 2009）を

主張している．まず，差異を管理する手段ではなく，制度的な差別やレイシズムに対抗する手段として多文化主義を捉え直すということ，そして，マルチカルチュラルなコミュニティの創造という挑戦には，ナショナルな視点だけでなく，グローバルな視点が必要であるということである．

　デランティは，多文化社会は，差異そのものではなく，差異をめぐる交渉からこそ成り立つと考え，間文化的な対話が大事であると論じている (Delanty 2009: 156)．他者との対話，その対話から生まれた自己変容を通して，「多様性の中の調和 (unity in diversity)」のような規範的文化が醸成されると論じる (Delanty 2009: 156)．これが，デランティが「批判的コスモポリタニズム」と呼ぶものであり，他者の受け入れに制限された従来型の多文化主義ではなく，「批判的コスモポリタニズム」はマジョリティとマイノリティの双方の深い関与を必要とする (Delanty 2009: 133)．デランティは，他者との対話，そしてその対話の結果生じる自己変容 (self-transformation) を強調している．

　　トランスナショナルな移動や文化的多様性，ハイブリッドな文化は，コスモポリタニズムにとって疑う余地のない条件だとしても，それだけでコスモポリタニズムが構成されることはない．より重要なのは，他者との遭遇の結果生じた自己理解の変化である．コスモポリタニズムの視点は単に他者の視点を受け入れることだけでなく，自分自身の前提を問題化することを求めるのだ．相互批判と自己問題化がなければ，コスモポリタニズムはその力を失い，ダイバーシティーのただの条件となるだろう．(Delanty 2009: 16)

　グローバル化によって，他者や他者性と出会う機会が増えたとしても，その他者と出会い，対話的な関わりの中で相互に変容していかなくては，共生の空間は生まれない．対話とは他者との間の共約可能性を探る行為，「同じであること」を探究する行為と考えられることが少なくないが，むしろ他者との共約不可能性を前提としながら，向きあうことで互いに変容しあう行為とも考えられる．塩原は，対話とは他者との相互作用を通じた相互変容を行う意思が反映された行為であり，他者と「わかりあおう」とするのではなく，「かわりあおう」とすることと定義している (塩原 2012)．アッピアもこうした相互変容を

前提とした対話の重要性について次のように論じている.

　　もし，倫理と道徳に関する相対主義が正しいのであれば，議論をこう締め
　　くくらなくてはならないだろう．私の立場から見れば，私は正しい．あな
　　たの立場から見れば，あなたが正しい．もう話すことはない，と．(中略)
　　人々はしばしば相対主義を，寛容に繋がるものとして推奨する．しかしも
　　しどう考え，感じ，行動するべきなのかを互いに学ばなかったら，対話は
　　無意味である．このような相対主義は会話を促すのではなく，沈黙への理
　　由を提供するのみだ．(Appiah 2006: 31)

　第1章で言及したように，デランティはコスモポリタニズムがただトランス
ナショナルな空間や文化的多様性を記述する術語と化していると指摘していた
(Delanty 2009: 16). この傾向を乗り越えるためにデランティが提示したのが，
マジョリティとマイノリティの間の境界を越えた対話的なかかわり，そしてそ
こから生じうる批判的な相互変容であり，それが彼の「批判的コスモポリタニ
ズム」を特徴づけている．コスモポリタニズムとは自己と他者の交流の中に宿
るのであり，自己と他者との出会いによって，新たな力学や対話の空間が生ま
れると論じるのだ (Delanty 2009: 15).

　デランティがこうしてコスモポリタニズムを擁護する理由は，彼が規範的文
化の共有の可能性に希望を寄せているためである (Delanty 2009: 133). その規
範的文化とは，すでに存在しているものではなく，あらゆる集団や個人が積極
的に関与することで作られる，現在進行形の議論のプロセスなのである(Delanty
2009: 156). 共通の理念ではなく，プロセスそのものに普遍性が宿ると考えた
のである.

　そして，デランティが「多様性の中の調和」を擁護したのと同様に，ミグノ
ロも類似した概念，ダイバーサリティ (diversality)――普遍性に多様性を足し
た造語――を提唱している (Mignolo 2000). ミグノロによればこのダイバーサ
リティは，近代の外部としてのコロニアリティの経験から生じる (Mignolo 2000:
743). ダイバーサリティとは，新たな抽象的普遍性を提示するものではなく，
サバルタンな視点から想像し思考する重要性を示すものである (Mignolo 2000:
743). ミグノロは，「ダイバーサリティとは，何か一つの視点から提案された

理想の社会や未来の青写真というよりも，批判的・対話的コスモポリタニズムの絶え間ない実践として理解されるべき」と論じている（Mignolo 2000 : 744）．ミグノロのこの考えは，さらに，メンディエタの対話的コスモポリタニズムと関連させて理解することができる（Mendieta 2009）．メンディエタもミグノロ(2000) に言及しながら論じるように，ダイバーサリティとは何かしらの青写真や理想というよりも，対話的なコスモポリタニズムの絶え間ない実践である．普遍主義は，「先延ばしされた(suspended)」，常に途上にあるもの「(on the way)」，「suspended（宙ぶらりん）」のものである必要がある．真理は存在するが，その真理をめぐる対話は常に開かれていなければならないし，その対話の中で常に自己は異なる視点に対して自分を開き，内省し，変容していくことが求められる．そうした対話的なコスモポリタニズムは，他者と向きあうことで，互いに変わりあう，相互変容のための空間を拓くとメンディエタは論じるのである(Mendieta 2009 : 254)．

3．自己変容の重要性
——他の視点から——

　こうした自己変容とは，第3章で言及したミグノロの「境界思考(border think-ing)」としても理解できる．「境界思考」とは，これまで排除され，サバルタンの立場に置かれてきた人々の視点に立つことでヘゲモニックな想像力を変容させるものである．前節で論じたダイバーサリティは，この境界思考を前提としたものであり，ミグノロは，批判的に関与された対話によって媒介されたコスモポリタンな想像力にポテンシャルを見出している．ミグノロは，管理や支配，均質化を押し付ける帝国主義的なコスモポリタニズムにとっての解毒剤になるのは「近代の外部」，コロニアリティから考えられる批判的なコスモポリタニズムであり，その思考法こそが境界思考であると論じるのである（Mignolo 2000）．

　さらに，磯前の「閾の思考」もこうした自己変容に近いものとして考えられる．磯前は，自分を隙間において，境界から考えるという思考法，「閾の思考」の重要性について論じている（磯前 2013）．グローバル化に伴って，「国際的な

感覚」を身につけることが奨励されているが，磯前の考える国際的感覚とは，
日本文化について語ることができる，自分の主張をはっきり伝えるなどという
ものではなく，これまでの二項対立的な思考や慣習に疑問を呈すること，隙間，
(in-between) に身を置いてみることである（磯前 2013: 50）．他者との出会いを
通して，折りあいをつけていく過程，いわば交渉（negotiation）の過程が重要で
あり，その過程において自己変容を遂げることが求められる．

　　自己理解は果たして妥当であったのかと自分を内省的に見つめ直す勇気が
　　必要なのだ．対話を通して，引き起こされる自己変容を恐れないこと．そ
　　のような勇気が，他者と出会うためには何より求められている．他者に向
　　き合うとは，むしろそのように自己理解の通念が覆されることなのである．
　　（磯前 2013: 50）

　こうした思考法は，文化的な領域だけでなく，他の社会的なカテゴリーにお
いても重要であると言える．メンディエタは，「差異とアイデンティティ，他
者性と同一性の弁証法」こそが，コスモポリタニズムにおける規範的な議論の
核となると論じたが，そうした弁証法は他の領域でも重要である（Mendieta
2009）．例えば，フェミニズム理論の専門家として知られる竹村和子は，同一
性／他者性の間の境界を絶えず脱構築する終わりなき実践の重要性を強調して
いる．

　　対話は，同一性と他者性の境界や重なりを絶えず査定しなおす無限運動で
　　あり，どのような形態であれ，価値判断の普遍的な根拠に依拠することは
　　できない．むしろ対話は，アイデンティティの外延を備えた「わたし」と
　　「あなた」のあいだになされなければならない交渉というよりも，「わたし」
　　を構成する要素の間の無限のアゴーン（葛藤）として理解しなければなら
　　ない．（竹村 2013: 27-28）

　このように，自己変容の契機を伴う対話は，かならずしも他者との間で行わ
れるだけでなく，自己との対話でもある．竹村はヘテロセクシャルやホモセク
シャルといった社会的カテゴリーは自然でも静的でもなく，個々人のアイデン
ティティ形成の実践から切り離して考えることはできないと論じる．個々人が

すでに存在する社会的カテゴリーに自己同一化し，自己を説明するというプロセスによって，そのカテゴリーは社会的に自然なものへと変容してしまう（竹村 2013: 29）．ただ，我々は，社会的に構成された存在という事実から逃れることはできないが，すでに存在する社会的カテゴリーと個人の実際の経験の間の「ずれ」について考えることはできる．そのずれを認識することで，社会的カテゴリーとは歴史的につくられたもので，自明ではないと気づくことができるのだ（竹村 2013: 30）．この竹村の議論は主にジェンダーやセクシャリティーに焦点を当てたものであるが，これはあらゆる社会的カテゴリーにあてはめて考えることができるだろう．

　また，この自己変容の重要性は，社会的カテゴリーを超えるだけでなく，時空を超えて，マンハイムによっても論じられていた．マンハイムは知識の存在拘束性について指摘したことでよく知られている．私たちの思考は生きている時間／空間的に拘束されているため，個人の考えを絶対化することはできず，それぞれの考えは部分的なものに過ぎないという考えである（Mannheim 1929＝1968）．澤井敦によると，こういった思想は「懐疑論的な相対主義」であり，真理や規範の存在を否定するものとしてしばしば退けられてきた（澤井 2004: 74）．しかし，マンハイムはそうした単なる相対主義を唱えていたのではない．マンハイムは相対主義と相関主義を区別し，相関主義を唱えていた．相関主義とは，あらゆる意味は相互的な関係性の中にあり，相対的で切り離せるものではないということである．マンハイムが批判しようとしたのは，本来関係性の中にあり，部分的なものに過ぎない自己の立場を絶対化するという営みである．澤井によると，そしてこうした批判は一種の規範的要請を持っている[4]．

> 自己絶対化に向かうことなく，自己の部分性を認識し，自己を相対化すると同時に，自らの部分的な視野にとどまることなく，他の視野に開かれてあり，それによって自らを補完し，自らの地平を拡大していくこと，いわば「自己相対化と自己拡張の連動」が，こうした規範的要請によって求められることになる．（澤井 2004: 75）

　こうした自己の絶え間ない相対化と視点の拡張は，批判的コスモポリタニズムが要請する自己変容と重なりあうものとして考えられる．

　BBC のラジオでの連続講義の「倫理学」というシリーズでマンハイムは以下のような発言をしている.

　　民主主義というのは,真理は存在するという考えに基づいている.しかし,誰かしらがそれを独占しているかのように行動することはできない.民主主義者にとって,真理は独占されるものではない.それは,皆が何かしらの貢献をすべき,探究のプロセスなのだ.君は,事前にその真理を自分がすでに手にしているのか,それとも君の隣人か,はたまた他国民が手にしているかどうかをあらかじめ知ることはできない.もちろん君は君にとっての真理を信じるだろう.しかし,君は君だけが真理を独占しているかのように振る舞うことはできない.真理の探究において,君は寛容でなければならない.（BBC archive centre）

　マンハイムのこの発言からも見えるように,こうした不断のプロセスにこそ普遍性が宿るという考えは,新しいものではなく,民主主義の伝統とも言えるかもしれない.[5] そしてこの後,生徒の一人がマンハイムのこうした主張に共鳴し,寛容であることの重要性を唱え,自己に内在する無知や自己中心性に対して総力戦に取り組む必要があると発言する.それに対して,別の生徒がその総力戦もまた全体主義なのではないかという疑問を呈する.それに対してマンハイムは,「そのとおりだ」が,それは「私たちが寛容でいることのできる唯一の全体主義だ」と答えている（BBC archive centre）.マンハイムは,他者の考えに対して自らの視点を開き,視野を拡大する自己変容のプロセスこそが,普遍的に重要であると考えていたのである.

　自己を再帰的／反省的に問い直し,同一性／差異,内／外を行き来する不断の対話的営みのプロセスそのものが,普遍的に重要であると言える.そしてそうした再帰的な自己変容こそが,よりよい共生のための規範として考えられるのである.暗黙のうちに前提とされている「我々」を問い直すことで,批判的な自己変容を遂げることが必要なのである.コスモポリタニズムはしばしば,境界を超えて,より大きなコミュニティ,より大きな「我々」を創ることを重視するが,そうではなく,境界そのものを考える,境界から（from border）考えることが必要なのである.ランフォードが言うように,境界を越える（across border）というよりも，境界から（from border）考えるという視点が重要なのである（Rumford 2008: 249）．「私たち」／「彼ら」，「内部」／「外部」，「日本人」／「外国人」等を分割する境界から考え，その境界を捉え直し，引き直すことが必要なのである．

4．痛みを伴う自己変容

　自己変容はよりよい共生のための規範として考えられるが，ここで留意しなければならないのは，自己変容は意識的で積極的な関与を必要とする過程，さらに痛みを伴う過程であり，簡単な営みではないということである．阿部潔も指摘するように，グローバル化によってもたらされた「世界」という他者との出会いは，これまでは自己変容というよりも，「ナショナルなもの」への固執による自己正当化をもたらしてきた．他者との出会いは，自らを批判的に捉え直し，これまでとはちがう「自己」の生まれる契機にもなりうるはずだが，実際には「ナショナルなもの」の高まりをもたらしてきた（阿部 2000: 39-40）．ネオリベラルな現代社会で，個人は競争にさらされ，あらゆるものを「自己責任」として引き受けることを求められる．そうした中で個人は不安定さと不安を抱え，自分を肯定してくれる物語やシェルターを提供してくれるものとしての国民国家にすがるものと考えられるのである．そうしたものから距離を保つという禁欲的態度を取ることは，現代社会を生きる人々にとって簡単な営みではないだろう．

　澤井も指摘するように，ある共同体に所属しながらも，境界的な存在として，その共同体と距離をとるという行為は「苦渋に満ちた」ものである．なぜならばこの距離とは，どこかに帰属したいという欲求を抱きながらも，それが十分に受け入れられない帰結としてもたらされたものだからである（澤井 2004: 155-156）．間（in-between）に身を置くことは，アイデンティティの真正さの喪失に繋がり，個人は一種のメランコリー状態を引き受けることになる（Bhabha 1991）．第1章でも言及したが，ヌスバウムはかつて，コスモポリタンになることは孤独な営為であり，一種の亡命──ローカルな真実がもたらす慰めからの，愛国主義の暖かく心地よい感情からの，自分自身や自分のものに対する誇りをめぐ

る魅力的なドラマからの亡命——であると論じた (Nussbaum 1996 = 2000: 37).
まさにそうした一種の亡命的な思考を批判的コスモポリタニズムは要請する.
ロジ・ブライドッティも指摘するように,自己変容は,思考と表象において大
切にされてきた習慣を失うことで,恐れ,不安定感,ノスタルジアを発生させ
る可能性があり,痛みを伴うプロセスである (Braidotti 2010: 411).

　楽しいばかりではないこの実践はどう促進できるのだろうか. それを考える
上で参考になるのが,アッピアのカンバセーション (conversation) 概念である
(Appiah 2006). カンバセーションとは,他者の体験や思想にかかわることのメ
タファーであり,会話そのものを意味するのではない. アッピアは哲学者であ
り,理性を信じているものの,最も賢い人々であっても理性だけでは自らの考
えを変えられないと認めている (Appiah 2006: 84).「理解する」のではなく「慣
れ親しむ」こと,原理ではなく実践こそが平和な共存を可能にすると考える(Ap-
piah 2006).

　カンバセーションは,小説を読んだり,映画を見たりと,自分たちの知る場
所とは異なる場所からのアートから得た想像的な関わりから始まり,それはコ
スモポリタニズムへの重要な道筋となる. 民話や戯曲,オペラ,小説,短編小
説,伝記,歴史,エスノグラフィー,創作,実話,絵画,音楽,彫刻,舞踊と
いったアートが,我々が慣れ親しんだ価値への献身を切り崩しうるような,こ
れまで認識していなかった異なる価値を見せてくれると考えるのだ.

　ここで重要なのは,アッピアは,カンバセーションは何かしらのコンセンサ
ス,特に価値についてのコンセンサスに結びつく必要はなく,異なるというこ
と,他者性に慣れ親しむ助けになれば十分だと考えているということである
(Appiah 2006). カンバセーションのような実践には,「慣れ親しんだものを知
らないものへ,知らないものを慣れ親しんだものへ(make the familiar strange, and
the strange familiar)」と変容させ,「我々」／「彼ら」,同一性／他者性の境界を
揺るがし,自己／他者理解が変容する契機が存在すると考えられる. こうした
多文化的な関わりは「ありふれたコスモポリタニズム」として評価されること
もあれば,安易なコスモポリタニズムと批判されることもある[6](Calhoun 2002b).
しかし,第3章の「食のコスモポリタニズム」の議論で言及したように,多文
化的消費は常に悪であるわけではなく,それがきっかけで他者を取り巻く歴史

やコンテクストへの想像力がひろがり，自己／他者理解，再帰的自己変容が実現する可能性も存在するのである．そうしたポジティブな可能性を注意深く検討していくことが求められる．

　さらに，カンバセーションと関連する概念として最後に紹介したいのが，ヌスバウムの「文学的想像力 (literary imagination)」(Nussbaum 1995) である[7]．ヌスバウムは，事実に基づく知識と論理，科学的知性だけでは我々を取り巻く複雑な世界とうまく関わることはできないと考える．異なる人の立場に自ら置かれたらどうなるかについて考え，ある人の物語の知的な読者となり，そのような状況に置かれた人の心情や願望や欲求を理解するという能力が重要であると論じる[8]．文学的想像力を通して，共通の人間性 (common humanity)，人類の共通の目的，願い，価値を認識することができ，そうした同じ目的がそれぞれの文化や歴史においていかに異なった形で表現されているのかを知ることができると論じている (Nussbaum 1995)．

　ここで興味深いのは，アッピアもヌスバウムも文学を手段として考えているが，ヌスバウムは共通の人間性を学ぶことを目指すのに対して，アッピアは他者性に慣れることを目指していることである[9]．確かに，自分にとって異文化にあたる文学や作品に触れることによって，人類の共通性，「同じ人間」であることに気づくことは重要であろう．しかし，第4章でも論じたように，そこで結論を急いではならないのであり，同一化によって，自己／他者を取り巻く複雑さや歴史的なコンテクストを消滅させてはならない．「普遍性」と「差異性」，どちらかではなく，その両方を考えること，我々は「同じ」であって「異なる」存在であると認識することが必要である．文化的関わりの中で重要なのは，他者を異化し，「エキゾチック」な存在と蔑視したり，「同じだ」と過剰に同一化したりせず，「適切な距離」を保ちながら，他者の考えを尊重し，それに学ぶ中で，自己／他者理解を変容させていくことなのである．

結　　　び

　本章では，ベックが回避していた規範的な問い，他者とどう向きあうかという問いに取り組んできた．これは，「新しいコスモポリタニズム」が直面した

理論的行き詰まりを打破するための取り組みでもあった．歴史や差異を前提と
しながらも，差別や排除に抗し，よりよい共生を実現するための規範について
注意深く考える必要があり，本章ではそうした議論を試みてきた．本書で，よ
りよい共生を実現するための規範として提示したのは，再帰的自己変容——「私
たち」／「彼ら」，「内部」／「外部」，「日本人」／「外国人」等——を分割す
る境界を考えなおす不断の対話的営みである．「グローバルな他者は我々の中
にいる」といった文化的混淆状態に身を置くだけではなく，他者に「出会う」
こと／「出会いなおす」ことが必要なのである．そして，その出会いの関わり
の中で自らの存在や暗黙のうちに前提とされている「我々」を問い直し，自己
理解を変容させていくことが重要なのである．
　前章では，共感や同情といった感情的な同一化は，より大きなコミュニティ
を創造しうるとしばしば論じられる一方で，過剰な同一化は他者が直面する窮
状を単純化する可能性があると指摘したが，本章の議論をふまえてさらに言う
ならば，感情的な同一化で「彼らは私たちだ」と「私たち」の範囲を広げるよ
りも，「私たち」を問い直し，そのハイブリッド性を認識し，より包括的なも
のとして想像し直すことが必要なのである．そもそも「私たち」とは誰で，「彼
ら」とは誰なのか．「彼らに」対置されるものとして，暗黙のうちに同質的か
つ固定的な「私たち」が前提とされているのではないか．「我々」／「彼ら」
という境界を疑い，再想像することを通して，再帰的な自己変容を遂げること
が必要なのである．そうした境界的な想像力こそ，排他的な空間や権力構造を
内破する契機を持つ．我々は「同じ」であって「異なる」存在である．「適切
な距離」を保ちながら，他者の置かれた歴史的・社会的な文脈を理解しようと
努め，他者の考えを尊重し，学ぶ中で，自己／他者理解を変容させていくこと
が必要である．
　自己／他者，私たち／彼らの間に存在する境界はなくならないが，それを絶
えず考え，「私たち」をより包括的なものとして想像し続けることが重要であ
る．「私たち」／「彼ら」，「内部」／「外部」，「日本人」／「外国人」等を分
割する境界を考えなおす不断の対話的営み，再帰的自己変容は，多様な差異を
包摂した，よりよい共生のために必要な規範であり，普遍的な重要性を持って
いるのである．個々人による再帰的な自己変容というのは，あまりにも小さな

一歩に見えるかもしれない．しかしながら，そうした小さな一歩一歩を軽視することはできない．そうした個々人の営みが，「できるだけ強い」弱い連帯を創り出し，より大きな社会変革に繋がる可能性があると信じたい．

注
1）花崎が当初主に論じていたのは自然との共生であり，その背景には四大公害に代表されるような，高度経済成長の負の側面としての環境問題への関心があった．そして，共生のようなエートスの形成の背景には，1970年代以降の部落解放運動，障碍者運動，フェミニズム，先住民の権利回復運動，エスニックな差別への運動といった反差別／解放運動の存在があったと指摘している．こうした運動が，差別的な関係の存在を可視化し，そうした差別には根拠がないことを明らかにし，よりよい共生のための素地をつくりだしたと論じる（花崎 2002）．
2）「単一民族神話」はこれまでも批判されてきた．小熊英二の議論がよく知られているように，「単一民族」としての日本というイメージは戦後つくられたものであり，戦中は侵略を正当化するため，多民族帝国を肯定してきたのである（小熊 1995）．
3）多文化共生は日本版多文化主義と言われることがあるが，一方で多分化共生は日本版の社会統合政策，間文化主義に過ぎず，多文化主義とは区別されるべきという指摘もある（移民政策学会編 2018）．さらに，高谷幸は，多文化主義は基本的に「反同化」を理念とし，マイノリティの集団的権利への公的な承認を掲げるのに対して，多文化共生はそうした権利の承認を含まず，あくまで差異を尊重するような心がけを促すレベルに留まっていると指摘する（高谷 2021）．
　また，多文化共生は日本の文脈の中で形成されてきた概念であり，その歴史的コンテクストに対して目を向ける必要がある．1990年代には，異なる文化的背景を持つ人々が多く暮らす地方都市で多文化共生という言葉が用いられるようになり，地方自治体が基本理念として掲げるようになった（崔・加藤編 2008）．これは必ずしも地方自治体が唐突に「上から」多文化共生を押し付けるようになったのではなく，地方都市における共生をめぐる実践の歴史が影響していると言える．中でも在日コリアンの集住地である川崎市は，桜本地区を主に拠点とした反差別の実践・運動の中で，共生／多文化共生という理念を「下から」作り上げてきた（樋口 2022）．そして，1995年の阪神淡路大震災の際，外国出身被災者への支援活動の中で，この言葉が活用されたことによって，全国的に一般的に認知されるようになった（吉富 2014: 317）．そして，2005年には，総務省で「多文化共生の推進に関する研究会」が設置され，以降多文化共生が国家レベルでも政策理念として掲げられるようになった．総務省が2006年に作成した「多文化共生の推

進に関する研究会報告書——地域における多文化共生の推進にむけて」では，多文化共生とは，「国籍や民族などの異なる人々が，互いの文化的ちがいを認め合い，対等な関係を築こうとしながら，地域社会の構成員として共に生きていくこと」と定義されている．

4）澤井はこうしたマンハイムの考えを「開かれた相対主義」と呼んでいる（澤井 2004：149）．

5）こうした民主主義の本質を「不断のプロセス」に見る考えは，ハーバーマスの議論とも関連させて考えることができる．ハーバーマスは，あらゆる決定は「可謬的決定」，つまり暫定的に正しいと決定されたものも，将来的には誤りだと見なされ，再び討論された末に，修正される可能性があると論じている（Habermas 1992＝2002-2003）．泉はこの決定を，「原理的に再開可能な永遠の討論が一時的に中断した状態」と説明し，決定は「市民社会による再審可能性に開かれ」，議論の末，解体される可能性があると論じている（泉 2012：30）．「自己閉鎖を拒む「未完のプロジェクト」としての近代社会」においては，あらゆる決定は常に否定や批判，再審に開かれ，修正される可能性が担保されている（泉 2012：29）．

6）こうした多文化消費は，多文化主義の名の下に他者を消費するもの，「コスメティック多文化主義」として批判されてきた（モーリス＝スズキ 2002）．

7）「文学的想像力」と関連する概念として，「物語的想像力（story-telling imagination or narrative imagination）」（Nussbaum 2010＝2013：125）を挙げることができる．

8）ヌスバウムは，人文学や芸術のカリキュラムの中心とし，教育を行う必要性を提示し，そうした教育を通して人々の想像力を鍛え，他者への共感力を涵養することが重要だと論じている．ヌスバウムは「想像力を涵養しない限り，社会正義への重要な橋渡しは，失われてしまう」と指摘しており，「「想像力」を見捨てれば，自分たちを見捨てることに繋がる」と考えている（Nussbaum 1995）．

9）ヌスバウムがこうした共通の人間性を重視する背景には，ヌスバウムが，普遍主義的，平等主義的なリベラリストであることがある．ヌスバウムは，すべての人間は等しく「ケイパビリティ（capability）」を有しており，すべての人がケイパビリティにアクセスできるよう保障されるべきだと主張している（Nussbaum 2000＝2005）．こうした政治的プロジェクトを提言しているからこそ，ヌスバウムは「異なること」，差異ではなく，「同じであること」や普遍性を強調していると考えられる．

あ と が き

　本書は，2018年に南オーストラリア大学と慶應義塾大学に提出した博士論文，The Trials and Tribulation of 'New Cosmopolitanism : A Critical Assessment' で行った研究をベースに，加筆修正しながら日本語で再構成したものになっている．私は上記の二大学の間で締結されたダブルディグリー制度の初の適用者として，博士課程では両大学を拠点として研究を行い，両大学に博士論文を提出した．2011年に入学した修士課程から，留学期間を含め博士課程，オーバードクターを経た約10年間のコスモポリタニズム研究の成果がこの本となっている．この10年で，政治や経済を取り巻く状況は一変し，議論の前提が目まぐるしく変化してきただけでなく，自分自身も研究を続ける中で考えが変わっていった中で，研究成果を一つにまとめることは簡単ではなかった．昨今は博士論文も3〜4年で書くという流れが強まっているのに対して，私は7年もかかってしまった．確かに，3〜4年で計画的に執筆した方が一つの論文としてまとめやすかったのだろうと思うが，私の場合は紆余曲折あり時間がかかってしまった．しかし，この約10年の目まぐるしい社会状況の変化の中で，じっくりコスモポリタニズムに向きあえたことで，このような形で成果をまとめることができた．

　私は修士の頃からコスモポリタニズムという同じテーマを題材としてきたが，その主張の趣旨は大きく変化してきた．研究を始めた2010年代初頭は，コスモポリタニズムは夢物語ではなく，一種の現実主義という主張に非常に魅力を感じていたし，修士論文の趣旨もそういったものであった．学部から修士課程に進む過程で，経済学から社会学に「転向」したのも，新自由主義へのオルタナティブについて論じたいという関心があったからで，私自身も最初はオルタナティブな政治的ビジョンのコスモポリタニズムについて論じていたのである．当時の私にとって，ベックがいうような，「現実的なオルタナティブ」としてのコスモポリタニズムというレトリックは非常に説得的なものに聞こえた．

　しかし，この10年で社会が大きく変化する中で，現実主義の限界が露呈してきた．損得や利害を強調する戦略は，現存する不正義を強く批判する力を持ちあわせない．近年可視化，増大している他者への憎悪，差別や不公正に対して取り組むためには，それに取り組むインセンティブが国家やマジョリティにあると指摘するのでは不十分である．批判的な知をもってそれ自体が悪であると指摘し，それに取り組むための倫理や規範について論じる必要があり，それこそが理論研究として私が取り組みたいことである．

　実は私が社会学を専攻し始めたのは修士課程からで，学部では政策論に興味があり，公共経済学を学んでいた．修士課程に入ってもしばらくは「問題発見→政策提言」というモデルの中で考えていた．しかし，社会学を専攻する中で，社会を変革する回路は，大文字の政治——国家による政策など——だけでではなく，小文字の政治——日常的な実践——にあることを学んだ．人々のコミュニケーションの中にある日常的な対立，交渉，反抗や服従，そうしたやりとりに注目すること．そして，そうした小さな実践が大きな社会の変化に結びつく可能性があるということ．そうした視点の変化もこの本の議論に反映されていると思う．

　そうした視点の転換の背景にあるのは，私自身がコスモポリタニズムを研究する中で「自己批判」という姿勢を内面化してきたことも大いに関係しているとは思うが，それ以外にも「他流試合」で揉まれてきたことも作用していると思う．コスモポリタニズムや関連概念について理論的に研究する研究者が少なかったこともあり，方法論ではなく関心を同じにする研究者の方々，おもに特定のフィールドを持って多文化共生研究をする人々と議論する機会に幸いにも恵まれた．彼らから具体的な出来事や歴史に基づく批判を受けることで，コスモポリタニズムを批判的に検討する視点を獲得することができた．社会学の内部ではあるが，そうした越境的な対話の中で，自らの議論を反省的に再構成してきた．恩師，澤井敦先生の受け売りであるが，理論研究と実証研究とは両輪であり，双方がフィードバックしあうことで，研究が進んでいく．私の理論研究者としての仕事は，ラディカルかつクリティカルにありうる社会や規範について論じること，それに対する実証的な研究者からの批判を受け，しなやかに理論を再帰的に構成させていくことにあると考えており，この本はそうした成

果の一つとも言える．

　そして，この研究を行う中で，自らの立場性や考えに向きあって，私自身も反省的自己変容を試みてきた．具体的なインフォーマントやフィールドを持たない理論研究者にとっては，いわば自らの人生がフィールドであり，自分自身と，自分の立場性と徹底的に向きあうことが研究の中では求められる．私の場合，最初に向きあい始めたのは，「自己責任論」のようなネオリベラリズム，次に日本人性やナショナリズム，最後まで後回しにしていたのは女性性，ジェンダーやフェミニズムだった．学部時代まで私はネオリベラルな規範やナショナリズムを強く肯定していたが，それらを内面化したのは2000年代で物心がついてからであったので，学びを通して相対化するのにはそこまで抵抗はなかったように思える．しかし，女性性については，女性として生まれて，生きてきた時間の長さもあり，向きあうことは多くの困難を伴った．それと向きあうということは，差別に加担，再生産してきた経験と向きあうこと，そうした経験の中で培われてきた人間関係に向きあうことを伴う．もともと社会学部出身ではない私は，大学ではホモソーシャルかつミソジニスティックなコミュニティに所属することが多かった．中高を女子校で過ごし，中学で不登校になった経験を持ち，友達関係をうまく築くことができないというコンプレックスを持っていた私が，大学でホモソーシャルなコミュニティで名誉男性としての承認を求めるようになったのは自然なことであったように思う．そして男性に同化することで，女性をどこかで見下し，自分の中のミソジニーを強化させていった．そうした経験と向きあい，問題化することは，簡単な営みではないし，終わることがない痛みを伴う過程である．しかしながら，この過程には普遍的な正しさがあると同時に，新たな人々との出会いや変わりあいがある．新しい出会いや変わりあいがあったからこそ，私自身がよりよい生を生きることができ，こうした研究を進めることで，よりよい共生への実現に微力ながらも貢献できるかもしれない．これからもこの終わりなき自己変容の過程に身を置くことで，学びあい，変わりあうことで，今後もよりよい共生のための探究を続け，新たな研究成果へと繋げていきたい．

　最後に，この場をかりてお世話になった皆様に謝辞を述べたい．まず，澤井敦先生には修士から博士までずっと慶應義塾大学大学院で指導教授として大変

お世話になった．特に，留学から帰国後に体調を崩し，博士論文提出が危ぶまれ，この道でやっていくことを断念しそうになったとき，先生のサポートなしではやり抜くことはできなかった．研究を進めていく中，博士論文の結論部分で先生のマンハイム論と自分の主張が交差したときには感動的だった．そして，副指導教授としてお世話になった塩原良和先生にも感謝を述べたい．塩原先生の授業でコスモポリタニズムについて取り上げられていたところから私のコスモポリタニズム研究は始まった．塩原先生，そして関根政美先生のおかげで，多文化主義研究を行う研究者の方々の対話の機会を持つことができたことも感謝したい．

　次に留学先，南オーストラリア大学でお世話になった先生方，アンソニー・エリオット先生，エリック・スー先生，ロバート・ホルトン先生，そして滞在先となったホークEUセンターの皆様に感謝を申し上げたい．また，私がダブルディグリー制度の適用者の第一号となるにあたって，様々な形でご尽力いただいた両大学の方々にもお礼を申し上げたい．

　そして，ウルリッヒ・ベック先生．彼の書いた文章との出会いがなければ，コスモポリタニズム研究をすることにはならなかった．この本を通して，彼の意思を少しでも継承できていたとしたら幸甚である．私が幸福だったのは，亡くなる前にベック先生と直接対話する機会が持てたことであり，その貴重な機会を提供してくださった油井清光先生にもここで感謝を伝えたい．

　最後に，常に私のことを第一に考え，サポートしてくれた母，郁子，私のやりたいことを何でも応援してくれた父，肇，そして常に私の味方，最大の理解者としてそばにいてくれた夫，大輔に感謝したい．

　　2023年　春

鈴木弥香子

文　　献

阿部潔. 2000,『日常のなかのコミュニケーション——現代を生きる「わたし」のゆくえ』北樹出版.

Abrams, Jerold, 2002, 'Aesthetics of Self-Fashioning and Cosmopolitanism : Foucault and Rorty on the Art of Living', *Philosophy Today*, 46（2）: 185-192.

Appadurai, Arjun, 1996, *Modernity at Large : Cultural Dimensions of Globalization*, Minneapolis, Minn.: University of Minnesota Press（＝2004, 門田健一訳『さまよえる近代——グローバル化の文化研究』平凡社).

Appadurai, Arjun, 2006, *Fear of Small Numbers : An Essay on the Geography of Anger*, Durham : Duke University Press（＝2010, 藤倉達郎訳『グローバリゼーションと暴力——マイノリティーの恐怖』世界思想社).

Appadurai, Arjun, 2011, 'Cosmopolitanism from Below', *The Johannesburg Salon*, 4 : 32-43.

Appiah, Kwame A., 1996, 'Cosmopolitan Patriots', Martha Nussbaum and Joshua Cohen eds., *For Love of Country*, Boston : Beacon Press, 21-29.

Appiah, Kwame A., 2006, *Cosmopolitanism : Ethics in a World of Strangers*, New York : W. W. Norton.

Appiah, Kwame A., 2010, *The Ethics of Identity*, Princeton : Princeton University Press.

Archibugi, Daniel, 1998, 'Principles of Cosmopolitan Democracy', Daniel Archibugi, David Held and Martin Köhler eds., *Re-imagining Political Community*, Cambridge : Polity Press, 198-230.

Archibugi, Daniel, 2008, *The Global Commonwealth of Citizens : Towards Cosmopolitan Democracy*, Princeton, NJ/Woodstock : Princeton University Press（＝2010, 中谷義和・高嶋正晴・國廣敏文ほか訳『グローバル化時代の市民像——コスモポリタン民主政へ向けて』法律文化社).

Archibugi, Daniel ed., 2003, *Debating Cosmopolitics*, London : Verso.

Arendt, Hannah, 1963, *On Revolution*, Harmondsworth : Penguin（＝1995, 志水速雄訳『革命について』筑摩書房).

Arthurs, Jane, 2012, 'Distant Suffering, Proper Distance : Cosmopolitan Ethics in the Film Portrayal of Trafficked Women', *International Journal of Media and Cultural Politics*, 8（2-3）: 141-158.

Barber, Benjamin R., 1996, 'Constitutional Faith', Martha C. Nussbaum ed., *For Love of*

Country? Boston : Beacon Press, 30–37.

Bauman, Zygmunt, 1998, *Globalization*, Cambridge, U. K. : Polity Press（＝2010, 澤田眞治・中井愛子訳『グローバリゼーション——人間への影響』法政大学出版局）.

Bauman, Zygmunt, 2016, *Strangers at our Door*, Oxford : Polity Press（＝2017, 伊藤茂訳『自分とは違った人たちとどう向き合うか——難民問題から考える』青土社）.

Beck, Ulrich, 1986, *Risikogesellschaft : Auf dem Weg in eine andere Moderne*, uhrkamp Verlag Gmbh（＝1998, 東廉・伊藤美登里訳『危険社会——新しい近代への道』法政大学出版局）.

Beck, Ulrich, 1992, *Risk society : Toward a new modernity*, London ; Newbury Park, Calif. : Sage Publications.

Beck, Ulrich, 1997a, *Weltrisikogesellschaft, Weltöffentlichkeit und globale Subpolitik*, Picus（＝2010, 島村賢一訳『世界リスク社会論——テロ，戦争，自然破壊』筑摩書房）.

Beck, Ulrich, 1997b, *Was ist Globalisierung?*, Suhrkamp（＝2005, 木前利秋・中村健吾監訳『グローバル化の社会学——グローバリズムの誤謬—グローバル化への応答』国文社）.

Beck, Ulrich, 1998, 'Cosmopolitan manifesto', *New Statesman*, 127（496）: 28–30.

Beck, Ulrich, 1999, *World risk society*, Polity Press（＝2014, 山本啓訳『世界リスク社会』法政大学出版局）.

Beck, Ulrich, 2000, 'The Cosmopolitan Perspective : Sociology of the Second Age of Modernity', *British Journal of Sociology*, 51（1）: 79–105.

Beck, Ulrich, 2002a, 'The Cosmopolitan Society and its Enemies', *Theory, Culture & Society*, 19（1–2）: 17–44.

Beck, Ulrich, 2002b, *Macht und Gegenmacht im globalen Zeitalter*, Frankfurt a. M. : Suhrkamp（＝2008, 島村賢一訳『ナショナリズムの超克——グローバル時代の世界政治経済学』NTT 出版）.

Beck, Ulrich, 2002c, *Das Schweigen der Wörter : Über Terror und Krieg*, Frankfurt : Suhrkamp.（＝2010, 島村賢一訳「言葉が失われるとき——テロと戦争について」『世界リスク社会論』ちくま学芸文庫，19–65）

Beck, Ulrich, 2003, 'Cosmopolitan Europe : Understanding the Real Europe', *Dissent*, Summer, 32–38.

Beck, Ulrich, 2005a, 'Neither Order nor Peace : A Response to Bruno Latour', *Common Knowledge*, 11（1）: 1–7.

Beck, Ulrich, 2005b, *Power in the Global Age : A New Global Political Economy*, Cambridge, UK : Polity.

Beck, Ulrich, 2006, *The Cosmopolitan Vision*, Cambridge, UK ; Malden, MA : Polity Press.

Beck, Ulrich, 2008a, 'Reframing Power in the Globalized World', *Organization Studies*, 29
　　（5）: 793–804.
Beck, Ulrich, 2008b, 'Cosmopolitanization without Cosmopolitans : On the Distinction Be-
　　tween Normative and Empirical-Analytical Cosmopolitanism in Philosophy and the So-
　　cial Sciences', Karin Ikas and Gerhard Wagner eds., *Communicating in the Third Space*,
　　New York and London : Routledge, 11–25.
Beck, Ulrich, 2009, 'Critical Theory of World Risk Society : A Cosmopolitan Vision', *Constel-
　　lations*, 16（1）: 3–22.
Beck, Ulrich, 2010, 'Remapping social inequalities in an age of climate change : for a cosmo-
　　politan renewal of sociology', *Global Networks*, 10（2）: 165–181.
Beck, Ulrich, 2011a, 'Cosmopolitan Sociology : Outline of a Paradigm Shift', Maria Rovisco
　　and Magdalena Nowicka eds., *The Ashgate Research Companion to Cosmopolitanism*,
　　London and New York : Routledge, 17–32.
Beck, Ulrich, 2011b, 'Cosmopolitanism as Imagined Communities of Global Risk', *American
　　Behavioral Scientist*, 55（10）: 1346–1361.
Beck, Ulrich, 2011c, 'We do Not Live in an Age of Cosmopolitanism but in an Age of Cos-
　　mopolitisation : The 'Global Other' is in our Midst', *Irish Journal of Sociology*, 19（1）:
　　16–34.
Beck, Ulrich, 2012, 'Redefining the Sociological Project : The Cosmopolitan Challenge', *Soci-
　　ology*, 46（1）: 7–12.
Beck, Ulrich, 2014, *Ulrich Beck : Pioneer in Cosmopolitan Sociology and Risk Society*,
　　Cham ; New York : Springer.
Beck, Ulrich, 2015, 'Emancipatory Catastrophism : What does it Mean to Climate Change
　　and Risk Society?', *Current Sociology*, 63（1）: 75–88.
Beck, Ulrich, 2016, *The Metamorphosis of the World : How Climate Change is Transform-
　　ing Our Concept of the World*, Cambridge : Polity Press（＝2017, 枝廣淳子・中小路佳
　　代子訳『変態する世界』岩波書店）.
Beck, Ulrich, Anthony Giddens, and Scott Lash, 1994, Reflexive Modernization, Cambridge :
　　Polity Press（＝1997, 松尾精文・小幡正敏・叶堂隆三訳『再帰的近代化──近現代にお
　　ける政治，伝統，美的原理』而立書房）.
Beck, Ulrich and Edgar Grande, 2007, *Cosmopolitan Europe*, Cambridge : Polity.
Beck, Ulrich and Edgar Grande, 2010, 'Varieties of Second Modernity : The Cosmopolitan
　　Turn in Social and Political Theory and Research', *British Journal of Sociology*, 61（3）:
　　409–443.

Beck, Ulrich and Daniel Levy, 2013, 'Cosmopolitanized Nations : Re-Imagining Collectivity in World Risk Society', *Theory, Culture & Society*, 30（2）: 3-31.

Beck, Ulrich and Natan Sznaider, 2006a, 'Unpacking Cosmopolitanism for the Social Sciences : A Research Agenda', *British Journal of Sociology*, 57（1）: 1-23.

Beck, Ulrich and Natan Sznaider, 2006b, 'A Literature on Cosmopolitanism : An Overview', *British Journal of Sociology*, 57（1）: 153-164.

Beitz, Charles, 1979, *Political Theory and International Relations*, Princeton, N. J. : Princeton University Press（=1989, 進藤榮一訳『国際秩序と正義』岩波書店）.

Beitz, Charles, 1994, 'Cosmopolitan Liberalism and the States System', Chris Brown ed., *Political Restructuring in Europe : Ethical Perspectives*, London and New York : Routledge, 119-132.

Berlant, Lauren, 1998, 'Poor Eliza', *American Literature*, 70（3）: 635-668.

Bhabha, Homi K., 1991, 'A Question of Survival : Nations and Psychic States', James Donald ed., *Psychoanalysis and cultural theory : Thresholds*, New York : St. Martin Press, 89-103.

Bhabha, Homi K., 1995, 'Unpacking My Library again', *The Journal of the Midwest Modern Language Association*, 28（1）: 5-18.

Bhabha, Homi K., 1996, 'Unsatisfied : Notes on Vernacular Cosmopolitanism', in Laura García-Moreno and Peter C. Pfeiffer eds., *Text and Nation*, London : Camden Couse, 191-207.

Bhabha, Homi K., 2004, *The Location of Culture*, London ; New York : Routledge（=2005, 本橋哲也・正木恒夫・外岡尚美ほか訳『文化の場所――ポストコロニアリズムの位相』法政大学出版局）.

Bhambra, Gurminder K., 2011, 'Cosmopolitanism and Postcolonial Critique', Maria Rovisco and Magdalea Nowicka eds., *The Ashgate Research Companion to Cosmopolitanism*, Farnham : Routledge, 313-328.

Bhambra, Gurminder K., 2016, 'Whither Europe?', *Interventions*, 18（2）: 187-202.

Billing, Michael, 1995, *Banal Nationalism*, London : Sage Publications.

Braidotti, Rosi, 2010, 'Nomadism : Against Methodological Nationalism', *Policy Futures in Education*, 8 : 408-418.

Braidotti, Rosi, 2011, *Nomadic Subjects Embodiment and Sexual Difference in Contemporary Feminist Theory*, New York : Columbia University Press.

Brassett, James, 2010, *Cosmopolitanism and global financial reform : a pragmatic approach to the Tobin Tax*, Routledge.

Butler, Judith and Gayatri C. Spivak, 2007, *Who Sings the Nation-State?: Language, Politics, Belonging*, Oxford: Seagull Books（＝2008, 竹村和子『国家を歌うのは誰か？――グローバル・ステイトにおける言語・政治・帰属』岩波書店）.

Calcutt, Lyn, Ian Woodward and Zlatko Skrbis, 2009, 'Conceptualizing Otherness', *Journal of Sociology*, 45（2）: 169–186.

Calhoun, Craig, 2002a, 'Imagining Solidarity: Cosmopolitanism, Constitutional Patriotism, and the Public Sphere', *Public Culture*, 14（1）: 147–171.

Calhoun, Craig, 2002b, 'The Class Consciousness of Frequent Travelers: Toward a Critique of Actually Existing Cosmopolitanism', *South Atlantic Quarterly*, 101（4）: 869–897.

Calhoun, Craig, 2003a, '"Belonging" in the Cosmopolitan Imaginary', *Ethnicities*, 3（4）: 531–553.

Calhoun, Craig, 2003b, 'Social Solidarity as a Problem for Cosmopolitan Democracy', Seyla Benhabib, Ian Shapiro and Danilo Petranovich eds., *Identities, Affiliations, and Allegiances*, Cambridge University Press, 285–302.

Calhoun, Craig, 2010, 'Beck, Asia and Second Modernity', *British Journal of Sociology*, 61（3）: 597–619.

Chatterjee, Partha, 1998, 'Beyond the Nation? Or within', *Social Text*, 56: 57–69.

Chavagneux, Christian and Palan Ronen, 2006, *Les Paradis Fiscaux*, Editions la Découverte（＝2007, 杉村昌昭訳『タックスヘイブン――グローバル経済を動かす闇のシステム』作品社）.

Cheah, Pheng and Bruce Robbins eds., 1998, *Cosmopolitics: Thinking and Feeling Beyond the Nation*, Minneapolis: University of Minnesota Press.

Cheah, Pheng, 2006, 'Cosmopolitanism', *Theory, Culture & Society*, 23（2-3）: 486–496.

Chernilo, Daniel, 2007, *A Social Theory of the Nation-State: The Political Forms of Modernity Beyond Methodological Nationalism*, London: Routledge.

Chernilo, Daniel, 2008, 'Cosmopolitanism and Social Theory', Bryan S. Turner ed., *The New Blackwell Companion to Social Theory*, Chichester: Wiley-Blackwell, 533–550.

千葉眞, 2014,『連邦主義とコスモポリタニズム――思想・運動・制度構想』風行社.

Chouliaraki, Lilie, 2006, *The Spectatorship of Suffering*, London: SAGE Publications.

Chouliaraki, Lilie, 2011, '"Improper Distance": Towards a Critical Account of Solidarity as Irony', *International Journal of Cultural Studies*, 14（4）: 363–381.

Chouliaraki, Lilie, 2013, 'Mediating Vulnerability: Cosmopolitanism and the Public Sphere', *Media, Culture & Society*, 35（1）: 105–112.

Chouliaraki, Lilie and Shani Orgad, 2011, 'Proper Distance: Mediation, Ethics, Otherness',

International Journal of Cultural Studies, 14（4）: 341-345.

Clifford, James, 1988, *The Predicament of Culture : Twentieth-Century Ethnography, Literature, and Art*, Cambridge, Mass.: Harvard University Press（＝2003, 太田好信・慶田勝彦・清水展ほか訳『文化の窮状——二十世紀の民族誌，文学，芸術』人文書院）.

Clifford, James, 1997, *Routes : Travel and Translation in the Late Twentieth Century*, Cambridge, Mass.: Harvard University Press（＝2002, 毛利嘉孝・有元健・柴山麻妃ほか訳『ルーツ——20世紀後期の旅と翻訳』月曜社）.

Crosby, Christina, 1992, 'Dealing with Differences', Judith Butler and Joan W. Scott, eds., *Feminists Theorize the Political*, 130-143.

d'Albis, Hippolyte, Ekrame Boubtane and Dramane Coulibaly, 2018, 'Macroeconomic evidence suggests that asylum seekers are not a "burden" for Western European countries', *Science Advances*, 4 （6）: eaaq0883.

Derrida, Jacque, 2000, *Of Hospitality*, Stanford: Stanford University Press.

De Sousa Santos, Boaventura and César A. Rodríguez-Garavito, 2005, *Law and Globalization from Below Towards a Cosmopolitan Legality*, Cambridge, UK ; New York : Cambridge University Press.

Delanty, Gerard, 2006, 'The cosmopolitan imagination : critical cosmopolitanism and social theory', *British Journal of Sociology*, 57（1）: 25-47.

Delanty, Gerard, 2009, *Cosmopolitan Imagination*, Cambridge, UK ; New York : Cambridge University Press.

Delanty, Gerard, 2010, 'The European Heritage from a Critical Cosmopolitan Perspective', *LEQS Paper*, No. 19.

Delanty, Gerard, ed., 2012, *Routledge Handbook of Cosmopolitanism Studies*, London ; New York : Routledge.

Delanty, Gerard, 2014, 'Not all is Lost in Translation : World Varieties of Cosmopolitanism', *Cultural Sociology*, 8 （4）: 374-391.

Dicken, Peter, 1998, *Global Shift, Transforming the World Economy*, London : Sage Publications（＝2001, 今尾雅博・鹿嶋洋・富樫幸一訳『グローバル・シフト——変容する世界経済地図』古今書院）.

Dobson, Andrew, 2006, 'Thick Cosmopolitanism', *Political Studies*, 54（1）: 165-184.

Dussel, Enrique, 1995, 'Eurocentrism and modernity', John Beverley, Michael Aronna and José Oviedo eds., *The postmodernism debate in Latin America*, Durham and London : Duke University Press, 65-77.

Eagleton, Terry, 2009, *Trouble with Strangers A Study of Ethics*, Hoboken : John Wiley &

Sons, Ltd.

Eckersley, Robyn, 2007, 'From Cosmopolitan Nationalism to Cosmopolitan Democracy', *Review of International Studies*, 33（4）: 675-692.

Elliott, Anthony, 2020, 'What future for post-coronavirus societies?', *12 perspectives on the pandemic : International social science thought leaders reflect on Covid-19*, De Gruyter, 65-70.

Elliott, Anthony and Brian Turner, 2013, *On Society*, Cambridge ; Malden, MA : Polity Press.

Elliott, Anthony, and John Urry, 2010, *Mobile Lives : Self, Excess and Nature*, London : Routledge.

遠藤乾, 2013, 『統合の終焉――EU の実像と論理』岩波書店.

Erskine, Toni, 2008, *Embedded Cosmopolitanism : Duties to Strangers and Enemies in a World of Dislocated Communities*, New York : Oxford University Press.

Fine, Robert, 2007, *Cosmopolitanism*, Florence : Routledge.

Fine, Robert and Robin Cohen, 2002, 'Four cosmopolitan moment', Steven Vertovec and Robin Cohen eds., *Conceiving cosmopolitanism : theory, context and practice*, Oxford : Oxford University Press, 137-162.

Fisher, Rebecka R. and Jay Garcia, 2014, *Retrieving the Human : Reading Paul Gilroy*, Albany : State University of New York Press.

Flowers, Rick and Elaine Swan, 2012, 'Eating the Asian Other? : Pedagogies of Food Multiculturalism in Australia', *Journal of Multidisciplinary International Studies*, 9 （2）: 1 -30.

Fraser, Nancy, 2008, *Scale of Justice : Reimagining Political Space in a Globalizing World*, Polity Press（＝2013, 向山恭一訳『正義の秤――グローバル化する世界で政治空間を再想像すること』法政大学出版局）.

Freeland, Chrystia, 2012, *Plutocrats : the New Global Super Rich and the Fall of Everyone else*, London : Penguin（＝2013, 中島由華訳『グローバル・スーパーリッチ――超格差の時代』早川書房）.

Friedman, Jonathan, 2004, 'Globalization', David Nugent and Joan Vincent eds., *A Companion to the Anthropology of Politics*, Malden, MA : Blackwell Publishing, 179-197.

Friedman, Thomas L, 1999, *The Lexus and the olive tree*, New York : Farrar, Straus and Giroux（＝2000, 東江一紀・服部清美訳『レクサスとオリーブの木――グローバリゼーションの正体』草思社）.

Friedman, Thomas L., 2005, *The World is Flat : A Brief History of the Twenty-first Cen-*

tury, New York: Farrar, Straus and Giroux（＝2010, 伏見威蕃訳『フラット化する世界——経済の大転換と人間の未来』普及版，日本経済新聞出版社）.

Frosh, Paul, 2011, 'Phatic Morality: Television and Proper Distance', *International Journal of Cultural Studies*, 14（4）: 383–400.

Fukuyama, Francis, 1992, *The end of history and the last man*, New York: The Free Press（＝1992, 渡部昇一訳『歴史の終わり』三笠書房）.

Gallagher, Paul, 2009, 'The Grounding of Forgiveness: Martha Nussbaum on Compassion and Mercy', *The American Journal of Economics and Sociology*, 68（1）: 231–252.

Giddens, Anthony, 1990, *The consequences of modernity*, Stanford, Calif: Stanford University Press（＝1993, 松尾精文・小幡正敏訳『近代とはいかなる時代か？——モダニティの帰結』而立書房）.

Gilroy, Paul, 1993, *The Black Atlantic*, Cambridge, MA: Harvard University Press（＝2006, 上野俊哉・毛利嘉孝・鈴木慎一郎訳『ブラック・アトランティック——近代性と二重意識』月曜社）.

Gilroy, Paul, 2000, *Against Race: Imagining Political Culture Beyond the Color Line*, Cambridge, Mass.: Belknap Press of Harvard University Press.

Gilroy, Paul, 2004, *After Empire: Melancholia or Convivial Culture?* London: Routledge.

Gilroy, Paul, 2010, 'Planetarity and Cosmopolitics', *British Journal of Sociology*, 61（3）: 620–626.

Gould, Carol C., 2007, 'Transnational Solidarities', *Journal of Social Philosophy*, 38（1）: 148–164.

Gray, John, 2020, 'Why this crisis is a turning point in history', *New Statesman*.（https://www.newstatesman.com/long-reads/2020/04/why-crisis-turning-point-history）(2023年5月7日閲覧)

Grovogui, Siba N., 2005, 'The New Cosmopolitanisms: Subtexts, Pretexts and Context of Ethics', *International Relations*, 19（1）: 103–113.

Habermas, Jürgen, 1992, *Faktizität und Geltung: Beiträge zur Diskurstheorie des Rechts und des demokratischen Rechtsstaats*, Frankfurt am Main: Suhrkamp（＝2002–2003, 河上倫逸監訳『事実性と妥当性——法と民主的法治国家の討議理論にかんする研究（上下）』未来社）.

Habermas, Jürgen, 2001, *The Postnational Constellation: Political Essays*, Polity Press.

Hage, Ghassan, 2015, *Alter-Politics: Critical Anthropology and the Radical Imagination*, Carlton, Victoria: Melbourne University Press.

Haller, William and Victor Roudometof, 2010, 'The Cosmopolitan-Local Continuum in Cross-

National Perspective', *Journal of Sociology*, 46（3）: 277–297.

花崎皋平, 1993,『アイデンティティと共生の哲学』筑摩書房.

花崎皋平, 2002,『〈共生〉への触発──脱植民地・多文化・倫理をめぐって』みすず書房.

花崎皋平, 2006,『ピープルの思想を紡ぐ』七つ森書館.

Hannerz, Ulf, 2004, 'Cosmopolitanism', David Nugent and Joan Vincent eds., *A Companion to the Anthropology of Politics*, Malden, MA: Blackwell Publishing, 69–85.

Hannerz, Ulf, 2005, 'Two Faces of Cosmopolitanism: Culture and Politics', *Statsvetenskaplig Tidskrift*, 107（3）: 199–213.

Harvey, David, 1989, *The Condition of Postmodernity*, Oxford: Basil Blackwell（= 1999, 吉原直樹訳『ポストモダニティの条件』青木書店）.

Harvey, David, 2005, *A brief history of neoliberalism*, Oxford University Press（= 2007, 森田成也・木下ちがや・大屋定晴・中村好孝訳『新自由主義──その歴史的展開と現在』作品社）.

Harvey, David, 2009, *Cosmopolitanism and the geographies of freedom*, New York: Columbia University Press（= 2013, 大屋定晴・森田成也・中村好孝ほか訳『コスモポリタニズム──自由と変革の地理学』作品社）.

Held, David, 1995, *Democracy and the Global Order: from the Modern State to Cosmopolitan Governance*, Cambridge: Polity Press（= 2002, 佐々木寛・小林誠・山田竜作ほか訳『デモクラシーと世界秩序──地球市民の政治学』NTT 出版）.

Held, David, 1996, *Models of Democracy*, 2 nd ed., Polity Press（= 1998, 中谷義和訳『民主政の諸類型』御茶の水書房）.

Held, David, 1997, 'Cosmopolitan Democracy and the Global Order: A New Agenda', James Bohman and Matthias Lutz-Bachmann eds., *Perpetual Peace: Essays on Kant's Cosmopolitan Ideal*, Cambridge Mass: MIT Press, 235–251.

Held, David, 2000, *A Globalizing World?*, London: Routledge（= 2002, 髙嶋正晴他訳『グローバル化とは何か──文化・経済・政治』法律文化社）.

Held, David, 2004, *Global Covenant: The Social Democrat Alternative to the Washington Consensus*, Cambridge, UK/Malden, MA: Polity Press（= 2005, 中谷義和・柳原克行訳『グローバル社会民主政の展望──経済・政治・法のフロンティア』日本経済評論社）.

Held, David, 2010, *Cosmopolitanism: Ideals and Realities*, Oxford: Polity Press（= 2011, 中谷義和訳『コスモポリタニズム──民主政の再構築』法律文化社）.

Held, David, Anthony G. McGrew, David Goldblatt ed al., 1999, *Global Transformations: Politics, Economics and Culture*, Cambridge: Polity Press（= 2006, 古城利明・臼井久和・滝田賢治ほか訳『グローバル・トランスフォーメーションズ──政治・経済・文化』

中央大学出版部).

Held, David, Anthony Barnett and Casper Henderson eds., 2005, *Debating Globalization*, Cambridge : Polity Press（＝2007, 猪口孝訳『論争グローバリゼーション――新自由主義対社会民主主義』岩波書店).

樋口直人, 2022,「反ヘイトと多文化共生――大阪市と川崎市の比較を通じて」, 高谷幸編『多文化共生の実験室――大阪から考える』青弓社, 272-290.

Hirsch, Joachim, 1995, *Der nationale Wettbewerbsstaat*, ID-Archiv（＝1998, 木原滋哉・中村健吾訳『国民的競争国家――グローバル時代の国家とオルタナティブ』ミネルヴァ書房).

Holton, Robert, 2009, *Cosmopolitanisms : New Thinking and New Directions*, New York : Palgrave-Macmillan.

Holton, Robert and Bryan Turner, 1989, *Max Weber on Economy and Society*, London ; New York : Routledge.

hooks, bell, 1992, *Black looks : race and representation*, Boston, MA : South End Press.

星野昭吉, 2010,『世界秩序の構造と弁証法――「コミュニタリアニズム中心的秩序勢力」と「コスモポリタニズム中心的秩序勢力」の相克』テイハン.

星野昭吉編, 2010,『世界政治の展開とグローバル・ガバナンスの現在』テイハン.

法務省, 2018,「技能実習制度の現状（不正行為・失踪)」(https://www.meti.go.jp/policy/mono_info_service/mono/fiber/ginoujisshukyougikai/180323/4_moj-genjyou.pdf）(2023年5月7日閲覧)

移民政策学会設立10周年記念論集刊行委員会編, 2018,『移民政策のフロンティア――日本の歩みと課題を問い直す』明石書店.

Inglis, David, 2014, 'Cosmopolitans and Cosmopolitanism : Between and Beyond Sociology and Political Philosophy', *Journal of Sociology*, 50（2）: 99-114.

磯前順一, 2013,『閾の思考――他者・外部性・故郷』法政大学出版局.

伊藤恭彦, 2010,『貧困の放置は罪なのか――グローバルな正義とコスモポリタニズム』人文書院.

伊藤美登里, 2017,『ウルリッヒ・ベックの社会理論――リスク社会を生きるということ』勁草書房.

伊藤美登里, 2019,「なぜコスモポリタン化の語が造られねばならなかったのか――U・ベックのコスモポリタニズム論」『現代社会学理論研究』13: 6-18.

岩渕功一, 2021,「多様性との対話」, 岩渕浩一編『多様性との対話――ダイバーシティ推進が見えなくするもの』青弓社, 11-35.

岩脇リーベル豊美, 2009,「比較思想論の展開と問題としてのコスモポリタニズム――カント, ヘルダーリン, ニーチェ」『比較思想研究』36：58-65.

伊豫谷登士翁, 2021,『グローバリゼーション──移動から現代を読みとく』筑摩書房.

泉啓, 2012,「「危機」とハーバーマス近代社会論──不法性のユートピアをめぐって」『現代社会学理論研究』6：26-36.

Jazeel, Tariq, 2011, 'Spatializing Difference Beyond Cosmopolitanism : Rethinking Planetary Futures', *Theory, Culture & Society*, 28（5）: 75-97.

Jessop, Bob, 2002, *The Future of the Capitalism State*, Cambridge, UK/Malden, MA : Polity Press.

Johnson, James, 2011, "The Arithmetic of Compassion' : Rethinking the Politics of Photography', *British Journal of Political Science*, 41（3）: 621-643.

Jones, Hannah and Emma Jackson, 2014, *Stories of Cosmopolitan Belonging : Emotion and Location*, Oxfordshire, England ; New York : Routledge.

Kaldor, Mary, 1996, 'Cosmopolitanism Versus Nationalism : The New Divide', Richard Caplan and John Feffer eds., *Europe's New Nationalism*, Oxford : Oxford University Press, 42-58.

Kant, Immanuel, 1983 [1795], *Perpetual Peace and Other Essays*, Indianapolis ; Cambridge : Hackett Publishing Company（＝1985, 宇都宮芳明訳『永遠平和のために』岩波書店）.

崔勝久・加藤千香子編, 2008,『日本における多文化共生とは何か──在日の経験から』新曜社.

河合優子編, 2016,『交錯する多文化社会──異文化コミュニケーションを捉え直す』ナカニシヤ出版.

Keesling, Sven, 2008, 'The mobile risk society : The mobile risk society', Weert Canzler, Vincent Kaufmann and Sven Kesselring eds., *Tracing mobilities. Towards a cosmopolitan perspective*, Aldershot, Burlington : Ashgate, 77-102.

Keith, Michael, 2005, *After the Cosmopolitan? : Multicultural Cities and the Future of Racism*, London ; New York : Routledge.

Kendall, Gavin, Zlatko Skrbis and Ian Woodward, 2008, 'Cosmopolitanism, the Nation-State and Imaginative Realism', *Journal of Sociology*, 44（4）: 401-417.

Kendall, Gavin, Ian Woodward and Zlatko Skrbiš, 2009, *The Sociology of Cosmopolitanism : Globalization, Identity, Culture and Government*, Basingstoke : Palgrave Macmillan.

Kittay, Eva, 1999, *Love's Labor : Essays on Woman, Equality, and Dependency*, NY : Routledge.（＝2010, 岡野八代・牟田和恵監訳『愛の労働あるいは依存とケアの正義論』白澤社.）

木村茂雄, 2013,「ポストコロニアル理論とコスモポリタニズム──差異性と普遍性のはざまで」, 木村茂雄・山田雄三編『英語文学の越境──ポストコロニアル／カルチュラル・ス

タディーズの視点から』英宝社, 179-196.

古賀敬太, 2014,『コスモポリタニズムの挑戦——その思想史的考察』風行社.

厚生労働省, 2019,「「外国人雇用状況」の届出状況」(https://www.mhlw.go.jp/stf/newpage_03337.html) (2023年5月7日閲覧)

厚生労働省, 2022,「「外国人雇用状況」の届出状況」(https://www.mhlw.go.jp/stf/newpage_30367.html) (2023年5月7日閲覧)

Komulainen, Sirkka, 2018, 'Ulrich Beck's Cosmopolitanism for Social Sciences Revisited : Overcoming Dualisms Towards Pragmatic Ends?', Marco Caselli and Guia Gilardoni eds., *Globalization, Supranational Dynamics and Local Experiences*, Cham : Palgrave Macmilan.

Krossa, Anne Sophie and Roland Robertson eds., 2012, *European Cosmopolitanism in Question*, London : Palgrave Macmillan.

Kristeva, Julia, 1991, *Strangers to ourselves*, New York : Columbia University Press.

Kunelius, Risto, 2008, 'Journalism and the EU : a relationship in contexts', *Journalism*, 9 (4): 371-376.

國方栄二, 2009,「コスモポリタニズムの起源」『西洋古典学研究』57: 65-77.

Kurasawa, Fuyuki, 2004, 'A cosmopolitanism from below : alternative globalization and the creation of a solidarity without bounds', *European Journal of Sociology*, 45 (2): 233-255.

Kurasawa, Fuyuki, 2007, *The Work of Global Justice : Human Rights as Practices*, Cambridge : Cambridge University Press.

Kurasawa, Fuyuki, 2013, 'The Sentimentalist Paradox : On the Normative and Visual Foundations of Humanitarianism', *Journal of Global Ethics*, 9 (2): 201-214.

Kymlicka, Will and Kathryn Walker, 2012, *Rooted Cosmopolitanism : Canada and the World*, Vancouver : UBC Press.

Kyriakidou, Maria, 2009, 'Imagining Ourselves Beyond the Nation? Exploring Cosmopolitanism in Relation to Media Coverage of Distant Suffering', *Studies in Ethnicity and Nationalism*, 9 (3): 481-496.

Kyung-Sup, Chang, 2010, 'The Second Modern Condition? Compressed Modernity as Internalized Reflexive Cosmopolitization', *British Journal of Sociology*, 61 (3): 444-464.

Lakner, Christoph and Branko Milanovic, 2013, 'Global Income Distribution : From the Fall of the Berlin Wall to the Great Recession', *Policy Research Working Paper*, No. 6719, World Bank.

Lash, Scott M., Mike Featherstone and Scott Lash eds., 2002, *Recognition and Difference*,

London : SAGE.

Latour, Bruno, 2004, 'Whose Cosmos, Which Cosmopolitics? : Comments on the Peace Terms of Ulrich Beck', *Common Knowledge*, 10（3）: 450–462.

Lawhon, Mary and Miriam Chion, 2012, 'Rooted Cosmopolitanism : Spaces of Multiplicity in Cusco, Peru', *International Journal of Urban and Regional Research*, 36（3）: 539–553.

Lemert, Charles, Anthony Elliott, Daniel Chaffee and Eric Hsu, 2010, *Globalization : A Reader*, London : Routledge.

Lim, Alvin C., 2014, 'Hybridity as Heterochrony', *World Futures*, 70（8）: 486–495.

Linklater, Andrew, 2004, 'Emotions and World Politics', *Aberystwyth Journal of World Affairs*, 2 : 71–77.

Linklater, Andrew, 2006, 'Cosmopolitanism', Andrew Dobson and Robyn Eckersley eds., *Political Theory and the Ecological Challenge*, Cambridge : Cambridge University Press, 109–127.

Linklater, Andrew, 2007, 'Distant Suffering and Cosmopolitan Obligations', *International Politics*, 44（1）: 19–36.

Long, Graham, 2009, 'Moral and Sentimental Cosmopolitanism', *Journal of Social Philosophy*, 40（3）: 317–342.

Malcomson, Scott L., 1998, 'The Varieties of Cosmopolitan Experience', Pheng Cheah and Bruce Robbins eds., *Cosmopolitics : thinking and feeling beyond the nation*, Minneapolis ; London : University of Minnesota Press, 233–245.

Mannheim, Karl, 1929, *IDELOGIE UND UTOPIE*, Heidelberg : Friedrich Cohen（＝1968, 鈴木二郎訳『イデオロギーとユートピア』未來社）.

Martell, Luke, 2008, 'Beck's cosmopolitan politics', *Contemporary Politics*, 14（2）: 129–143.

Martell, Luke, 2009, 'Global Inequality, Human Rights and Power : A Critique of Ulrich Beck's Cosmopolitanism', *Critical Sociology*, 35（2）: 253–272.

丸山眞男, 2017 [1964],『現代政治の思想と行動』増補版, 未來社.

Massey, Doreen, 1994, *Space, Place, and Gender*, Minneapolis : University of Minnesota Press.

Massey, Doreen, 2004, 'Geographies of Responsibility', *Geografiska Annaler : Series B, Human Geography*, 86（1）: 5–18.

松田有香, 2010,「国際課税における租税競争と協調」植田和弘・新岡智編『国際財政論』有斐閣ブックス, 111–128.

Mendieta, Eduardo, 2009, 'From Imperial to Dialogical Cosmopolitanism?', *Ethics & Global Politics*, 2（3）: 241–258.

三重野卓編, 2001,『福祉国家の社会学——21世紀における可能性を探る』東信堂.

Mignolo, Walter, 2000, 'The Many Faces of Cosmo-Polis : Border Thinking and Critical Cosmopolitanism', *Public Culture*, 12（3）: 721-748.

Mignolo, Walter, 2010, 'Cosmopolitanism and the De-Colonial Option', *Studies in Philosophy and Education*, 29（2）: 111-127.

Miller, David, 1995, *On Nationality*, Oxford University Press（＝2007, 富沢克・長谷川一年・施光恒ほか訳『ナショナリティについて』風行社）.

Mohanty, Chandra T., 2003, *Feminism without Borders : Decolonizing Theory, Practicing Solidarity*, Durham ; London : Duke University Press（＝2012, 菊地恵子・吉原令子・我妻もえ子訳『境界なきフェミニズム』法政大学出版局）.

Mouffe, Chantal, 2005, *On the Political*, Routledge（＝2008, 酒井隆史・篠原雅武訳『政治的なものについて——闘技的民主主義と多元主義的グローバル秩序の構築』明石書店）.

モーリス＝スズキ, テッサ, 2013［2002］,『批判的想像力のために——グローバル化時代の日本』平凡社.

本橋哲也, 2005,『ポストコロニアリズム』岩波書店.

中谷義和, 2009,「グローバル化の現代——ひとつの視座」, 中島茂樹・中谷義和編,『グローバル化と国家の変容——グローバル化の現状—現状と課題　第一巻』御茶の水書房.

Narayan, Uma, 1997, *Dislocating cultures : identities, traditions, and Third-World feminism*, New York : Routledge（＝2010, 塩原良和監訳『文化を転位させる——アイデンティティ・伝統・第三世界フェミニズム』法政大学出版局）.

Nash, Kate, 2003, 'Cosmopolitan Political Community : Why does it Feel so Right?', *Constellations*, 10（4）: 506-516.

Nielsen, Kai, 1999, 'Cosmopolitan Nationalism', *The Monist*, 82（3）: 446-468.

西川長夫, 2006,『〈新〉植民地主義論——グローバル化時代の植民地主義を問う』平凡社.

Nussbaum, Martha C., 1995, *Poetic Justice : The Literary Imagination and Public Life*, Boston, Mass. : Beacon Press.

Nussbaum, Martha C., 1996, 'Patriotism and Cosmopolitanism', Martha C. Nussbaum and Joshua Cohen eds., *For Love of Country?*, Boston : Beacon Press, 3 -20（＝2000, 辰巳伸知・能川元一訳『国を愛するということ——愛国主義の限界をめぐる論争』人文書院）.

Nussbaum, Martha C., 1997, *Cultivating Humanity : A Classical Defense of Reform in Liberal Education*, Cambridge, Mass. : Harvard University Press（＝2013, 小沢自然・小野正嗣訳『経済成長がすべてか？——デモクラシーが人文学を必要とする理由』岩波書店）.

Nussbaum, Martha, C., 2000, *Women and Human Development : The Capabilities Approach*, Cambridge University Press（＝2005, 池本幸生・田口さつき・坪井ひろみ訳『女性と人

間開発——潜在能力アプローチ』岩波書店).

Nussbaum, Martha C., 2001, *Upheavals of Thought : The Intelligence of Emotions*, Cambridge, U. K.; New York : Cambridge University Press.

Nussbaum, Martha C., 2004, *Hiding from Humanity : Disgust, Shame, the Law*, Princeton University Press (＝2010, 河野哲也監訳『感情と法——現代アメリカ社会の政治的リベラリズム』慶應義塾大学出版会).

Nussbaum, Martha C., 2010, *Not for Profit : Why Democracy Needs the Humanities*, Princeton, N. J.: Princeton University Press (＝2013, 小沢自然・小野正嗣訳『経済成長がすべてか？——デモクラシーが人文学を必要とする理由』岩波書店).

小熊英二, 1995,『単一民族神話の起源——〈日本人〉の自画像の系譜』新曜社.

太田好信, 2002,「沖縄発「土着コスモポリタニズム」の可能性」, *Quadrante*, 4 : 95-108.

Ong, Aihwa, 2006, *Neoliberalism as Exception*, Duke University Press (＝2013, 加藤敦典・新ヶ江章友・高原幸子訳『《アジア》, 例外としての新自由主義——経済成長は, いかに統治と人々に突然変異をもたらすのか？』作品社).

大島孝介, 2011, 『租税競争と差別課税』大学教育出版.

Ossewaarde, Marinus, 2007, 'Cosmopolitanism and the Society of Strangers', *Current Sociology*, 55（3）: 367-388.

Papastephanou, Marianna, 2016, 'Concentric, Vernacular, and Rhizomatic Cosmopolitanisms', Marianna Papastephanou ed., *Cosmopolitanism : Educational, Philosophical, and Historical Perspective*, Cham : Springer, 215-228.

Papastephanou, Marianna, 2016, 'Editor's Introduction', Marianna Papastephanou ed., *Cosmopolitanism : Educational, Philosophical , and Historical Perspective*, Cham: Springer, 1-17.

Papastergiadis, Nikos, 2000, *The turbulence of migration : Globalization, deterritorialization and hybridity*, Cambridge, UK : Polity Press.

Park, Young-Do and Sang-Jin Han, 2014, 'Another Cosmopolitanism : Critical Reconstruction of the Neo-Confucian Conception of Tianxiaweigong（天下爲公）in the Age of Global Risks', *Development and Society*, 43（2）: 185-206.

Piketty, Thomas, 2014, *Capital au XXIe Siècle*. Édition du Seuil (＝2014, 山形浩生・守岡桜・森本正史訳『21世紀の資本』みすず書房).

Pogge, Thomas W. M., 2008, *World Poverty and Human Rights : Cosmopolitan Responsibilities and Reforms*, Cambridge : Polity Press (＝2010, 立岩真也監訳『なぜ遠くの貧しい人への義務があるのか——世界的貧困と人権』生活書院).

Pollock, Sheldon, 1998, 'The Cosmopolitan Vernacular', *Journal of Asian Studies*, 57（1）: 6-

37.

Pollock, Sheldon, 2000, 'Cosmopolitanism and Vernacular in History', *Public Culture*, 12（3）: 6 –37.

Pollock, Sheldon, Homi K. Bhabha, Carol A. Breckenridge et al., 2000, 'Cosmopolitanisms', *Public Culture*, 12（3）: 577–589.

Popke, Jeff, 2007, 'Geography and Ethics : Spaces of Cosmopolitan Responsibility', *Progress in Human Geography*, 31（4）: 509–518.

Robbins, Bruce, 1998, 'Introduction Part 1 : Actually Existing Cosmopolitanism', Cheah, Pheng and Bruce Robbins eds., 1998, *Cosmopolitics : Thinking and Feeling Beyond the Nation*, Minneapolis : University of Minnesota Press, 1 –19.

Robbins, Bruce, 2007, 'Cosmopolitanism : New and Newer', *Boundary 2*, 34（3）: 47–60.

Robbins, Bruce and Paulo Lemos Horta eds., 2017, *Cosmopolitanisms*, New York : New York University Press.

Robertson, Roland, 1992, *Globalization : Social Theory and Global Culture*, London : SAGE （＝1997, 阿部美哉訳『グローバリゼーション──地球文化の社会理論』東京大学出版会）.

Robertson, Alexa, 2010, *Mediated Cosmopolitanism : The World of Television News*, Cambridge, UK : Polity Press.

Robertson, Alexa, 2013, *Mediated Cosmopolitanism : The World of Television News*, Oxford : Polity Press.

Rabinow, Paul, 1996, *Essays on the Anthropology of Reason*, Princeton, N. J. : Princeton University Press.

Rodrik, Dani, 2000, "Governance of Economic Globalization," Nye, Joseph S. and Donahue, John D. eds., *Governance in a globalizing world*. Brookings Institution （＝2004, 嶋 本 恵 美訳「経済のグローバル化の管理」『グローバル化で世界はどう変わるか』英治出版, 393–415）.

Rodrik, Dani, 2011, *The Globalization Paradox : Democracy and the Future of the World Economy*, New York and London : W. W. Norton （＝2014, 柴山桂太・大川良文訳『グローバリゼーション・パラドクス──世界経済の未来を決める三つの道』白水社）.

Roudometof, Victor, 2005, 'Transnationalism, Cosmopolitanism and Glocalization', *Current Sociology*, 53（1）: 113–135.

Roudometof, Victor, 2005, 'Response : The Moral Conundrums of the Global Age', *Current Sociology*, 53（1）: 143–147.

Roudometof, Victor, 2008, 'Transnationalism, Cosmopolitanism, and Glocalization', *Cutrrent Sociology*, 53（1）: 113–135.

Ruggie, John Gerard, 1982, 'International Regimes, Transactions and Change : Embedded Liberalism in the Postwar Economic Order', *International Organization*, 36（2）: 379–415.

Rumford, Chris, 2008, *Cosmopolitan spaces : Europe, globalization, theory*, London : Routledge.

Rumford, Chris, 2014, *Cosmopolitan Borders*, London : Palgrave Macmillan Limited.

齋藤純一, 2008,『政治と複数性──民主的な公共性にむけて』岩波書店.

酒井直樹, 2015［1996］,『死産される日本語・日本人──「日本」の歴史─地政的配置』講談社.

酒井直樹, 2007,『日本／映像／米国──共感の共同体と帝国的国民主義』青土社.

Salazar, Noel B., 2011, 'The Power of Imagination in Transnational Mobilities', *Identities*, 18（6）: 576–598.

Sassen, Saskia, 1996, *Losing Control? : Sovereignty in an Age of Globalization*, New York : Columbia University Press（＝1999, 伊豫谷登士翁訳『グローバリゼーションの時代──国家主権のゆくえ』平凡社）.

澤井敦, 2004,『カール・マンハイム──時代を診断する亡命者』東信堂.

Scheller, Mimi, 2018, *Mobility Justice : The Politics of Movements in An Age of Extremes*, La Vergne : Verso.

Silverstone, Roger, 2003, 'Proper Distance : Toward an Ethics for Cyberspace', Gunnar Liestøl, Andrew Morrison and Terje Rasmussen eds., *Digital Media Revisited : Theoretical and Conceptual Innovations in Digital Domains*, Cambridge : MIT Press, 469–490.

Silverstone, Roger, 2004, 'Regulation, Media Literacy and Media Civics', *Media, Culture & Society*, 26（3）: 440–449.

Silverstone, Roger, 2006, *Media and Morality*, Cambridge : Polity.

Silverstone, Roger, 2013, *Media and Morality : On the Rise of the Mediapolis*, Oxford : Polity Press.

下平好博, 2009,「グローバリゼーション論争と福祉国家・福祉社会」, 下平好博・三重野卓編『グローバル化のなかの福祉社会』ミネルヴァ書房.

下平好博・三重野卓編2009『グローバル化のなかの福祉社会』ミネルヴァ書房.

新川敏光, 2003,「グローバル化の中の福祉国家」『家計経済研究』59：12–20.

塩原良和, 2017,『分断と対話の社会学──グローバル社会を生きるための想像力』慶應義塾大学出版会.

Skrbis, Zlatko and Ian Woodward, 2007, 'The Ambivalence or Ordinary Cosmopolitanism :

Investing the Limits of Cosmopolitan Openness', *The Sociological Review*, 55（4）: 730–747.

Skrbiš, Zlatko and Ian Woodward, 2013, *Cosmopolitanism : Uses of the Idea*, London : Sage.

Smith, Adam, 2002 [1759], *The theory of Moral Sentiments*, Cambridge : Cambridge University Press.

Sontag, Suzan, 2003, Regarding the pain of others, New York : Straus and Giroux（＝2003, 北條文緒訳『他者の苦痛へのまなざし』みすず書房）.

Sontag, Susan, 2004, *Regarding the Pain of Others*, London : Penguin Books（＝2003, 北條文緒訳『他者の苦痛へのまなざし』みすず書房）.

総務省, 2006,「多文化共生の推進に関する研究会報告書――地域における多文化共生の推進にむけて」.

Spencer, Robert, 2011, *Cosmopolitan Criticism and Postcolonial Literature*, Houndmills, U. K.; New York : Palgrave Macmillan.

Spivak, Gayatri C., 1988, *Can the Subaltern Speak?*, Basingstoke : Macmillan（＝1998, 上村忠男訳『サバルタンは語ることができるか』みすず書房）.

Spivak, Gayatri C., 2003, *Death of a Discipline*, New York : Columbia University Press（＝2004, 上村忠男・鈴木聡訳『ある学問の死――惑星思考の比較文学へ』みすず書房）.

Spivak, Gayatri C., 2012, 'Foreword : Cosmopolitanisms and the Cosmopolitical', *Cultural Dynamics*, 24（2-3）: 107–114.

Stengers, Isabelle, 2010, *Cosmopolitics I*, Minneapolis and London : University of Minnesota Press.

Sugimoto, Yoshio, 2012, 'Kyōsei : Japan's cosmopolitanism', Delanty, Gerard, ed., 2012, *Routledge Handbook of Cosmopolitanism Studies*, London ; New York : Routledge.

杉田敦, 2015 [2005],『境界線の政治学』岩波書店.

杉浦章介, 2014,『越境的な規範の形成と執行』慶應義塾大学出版会.

Suzuki, Munenori, Ito Midori, Ishida Mitsunori, Nihei Norihiro, and Maruyama Masao, 2016, Individualizing Japan : Searching for its origin in first modernity, *British Journal of Sociology*, 61（3）: 513–538.

鈴木弥香子, 2014,「コスモポリタニズムの検討――グローバル化時代の新たなオルタナティブとしてのアクチュアリティと困難性」『現代社会学理論研究』8：55-67.

鈴木宗徳編, 2015,『個人化するリスクと社会――ベック理論と現代社会』勁草書房.

鈴木宗徳・伊藤美登里編, 2011,『リスク化する日本社会――ウルリッヒ・ベックとの対話』岩波書店.

Swain, Margaret B., 2004, '（Dis）embodied experience and power dynamics in tourism research', Lisa Goodson and Jenny Phillimore eds., *Qualitative Research in Tourism : Ontologies, Epistemologies and Methodologies*, London : Routledge, 102–118.

Swain, Margaret B., 2009, 'The Cosmopolitan Hope of Tourism : Critical Action and Worldmaking Vistas', *Tourism Geographies*, 11（4）: 505–525.

首相官邸　2013年6月19日「安倍総理大臣・経済政策に関する講演」(https://warp.ndl.go.jp/info:ndljp/pid/8833367/www.kantei.go.jp/jp/96_abe/statement/2013/0619speech.html)（2003年5月7日閲覧）

Sznaider, Natan, 2010, 'Rewriting the Persian Letters', *British Journal of Sociology*, 61（3）: 627–633.

高田明宜, 2007,「コスモポリタニズムの変遷」『国際基督教大学学報』60: 287–310.

高谷幸, 2021,「移民・多様性・民主主義――誰による, 誰にとっての多文化共生か」, 岩渕功一編『多様性との対話――ダイバーシティー推進が見えなくするもの』青弓社.

武川正吾, 2002,「グローバル化と福祉国家――コスモポリタニズムの社会政策のために」小倉充夫・梶田孝道編『国際社会5――グローバル化と社会変動』東京大学出版会, 121–150

武川正吾, 2007,『連帯と承認――グローバル化と個人化のなかの福祉国家』東京大学出版会.

武川正吾・宮本太郎編, 2012,『グローバリゼーションと福祉国家』明石書店.

竹村和子, 2013,『境界を攪乱する――性・生・暴力』岩波書店.

巽孝之, 2013,『モダニズムの惑星――英米文学思想史の修辞学』岩波書店.

鶴田廣巳, 2001,「有害な租税競争と国際租税協調」『会計検査研究』23: 85–99.

冨山一郎, 2013,『流着の思想――「沖縄問題」の系譜学』インパクト出版会.

Tomlinson, John, 1999, *Globalization and Culture*, Cambridge : Polity Press（＝2000, 片岡信訳『グローバリゼーション――文化帝国主義を超えて』青土社）.

Tomlinson, John, 2011, 'Beyond Connection : Cultural Cosmopolitan and Ubiquitous Media', *International Journal of Cultural Studies*, 14（4）: 347–361.

Tønnesson, Stein, 2004, 'Globalising National States', *Nations and Nationalism*, 10（1–2）: 179–194.

Turner, Bryan S., 2002, Cosmopolitan virtue, globalization, and patriotism, *Theory, Culture & Society*, 19（1–2）: 45–63.

Turner, Bryan, 2006, 'Classical Sociology and Cosmopolitanism : A Critical Defence of the Social', *The British Journal of Sociology*, 57（1）: 133–151.

Vertovec, Steven and Robin Cohen eds., 2002, *Conceiving cosmopolitanism : theory, context and practice*, Oxford : Oxford University Press.

Villa, Dana, 1999, *Politics, Philosophy, Terror : Essays on the Thought of Hannah Arendt*,

Princeton, NJ : Princeton University Press.

Viveiros de Castro, Eduardo, 2014, *Cannibal Metaphysics*, Minneapolis : University of Minnesota Press.

若森章孝, 2013, 『新自由主義・国家・フレキシキュリティの最前線――グローバル化時代の政治経済学』晃洋書房.

Wallerstein, Immanuel M., 2006, *European Universalism : The Rhetoric of Power*, New York ; London : New Press（＝2008, 山下範久訳,『ヨーロッパ的普遍主義――近代世界システムにおける構造的暴力と権力の修辞学』明石書店）.

Warf, Barney, 2012, 'Nationalism, cosmopolitanism, and geographical imaginations', *The Geographical Review*, 102（3）: 271–292.

Werbner, Pnina, 1999, 'Global Pathways : Working Class Cosmopolitans and the Creation of Transnational Ethnic Worlds', *Social Anthropology*, 7 （1）: 17–35.

Werbner, Pnina, 2006, 'Vernacular Cosmopolitanism', *Theory, Culture & Society*, 23（2–3）: 496–498.

Woods, Kerri, 2012, 'Whither Sentiment? Compassion, Solidarity, and Disgust in Cosmopolitan Thought', *Journal of Social Philosophy*, 43（1）: 33–49.

岡野八代, 2012,『フェミニズムの政治学――ケアの倫理をグローバル社会へ』みすず書房.

安田浩一, 2020,「「命の線引きされた気持ち」――新型コロナ拡大が招く「外国人嫌悪」の危うさ」（https://news.yahoo.co.jp/byline/yasudakoichi/20200404-00171271）（2021年6月26日閲覧）

Yegenoglu, Meyda, 2005, 'Cosmopolitanism and Nationalism in a Globalized World', *Ethnic and Racial Studies*, 28（1）: 103–131.

吉富志津代, 2014,「多文化共生――1・17で芽ばえた意識は3・11で根づくのか」荻野昌弘・蘭信三編『3・11以前の社会学――阪神・淡路大震災から東日本大震災へ』生活書院.

Ypi, Lea L., 2008, 'Statist Cosmopolitanism', *Journal of Political Philosophy*, 16（1）: 48–71.

《著者紹介》

鈴木弥香子 (すずき みかこ)

慶應義塾大学大学院文学研究科博士後期課程 単位取得退学, University of South Australia,
Division of Education, Arts & Social Sciences 博士課程修了

社会学博士 (慶應義塾大学), PhD in Sociology (University of South Australia)

現在, 日本学術振興会特別研究員 (PD), 非常勤講師 (慶應義塾大学, 立教大学)

主要業績

「「根のあるコスモポリタニズム」へ——グローバル化時代の新たな試練と希望」(塩原良和・
　　稲津秀樹編『社会的分断を越境する——他者と出会いなおす想像力』青弓社, 2017年).

「ウルリッヒ・ベックのコスモポリタン理論の射程と限界——批判的継承に向けて」(『現代
　　社会学理論研究』12号, 2019年).

'Theoretical Perspective for Overcoming Exclusionism' (Shiobara Yoshikazu, Kohei Kaw-
　　abata and Joel Matthews eds., *Cultural and Social Division in Contemporary Japan :
　　Rethinking Discourses of Inclusion and Exclusion*, Routledge, 2019).

新しいコスモポリタニズムとは何か
　　——共生をめぐる探究とその理論——

2023年8月30日　初版第1刷発行　　＊定価はカバーに
　　　　　　　　　　　　　　　　　　表示してあります

著　者　鈴　木　弥香子ⓒ
発行者　萩　原　淳　平
印刷者　藤　森　英　夫

発行所　株式会社　晃　洋　書　房

〒615-0026 京都市右京区西院北矢掛町7番地
電話　075(312)0788番(代)
振替口座　01040-6-32280

装丁　野田和浩　　　　　印刷・製本　亜細亜印刷㈱

ISBN978-4-7710-3764-9